旺财金店面

传授旺财开运的黄金法则

易 水◎主编

中国财富出版社

图书在版编目（CIP）数据

旺财金店面 / 易水主编 . —北京：中国物资出版社，2011.2
ISBN 978-7-5047-3737-3

Ⅰ.①旺… Ⅱ.①易… Ⅲ.①商店—风水—基本知识 Ⅳ.①B992.4

中国版本图书馆 CIP 数据核字（2010）第 248122 号

策划编辑　王秋萍
责任编辑　李慧智
责任印制　方朋远
责任校对　孙会香　杨小静

中国物资出版社出版发行

网址：http：//www.clph.cn

社址：北京市西城区月坛北街 25 号

电话：(010) 68589540　邮政编码：100834

全国新华书店经销

北京京都六环印刷厂印刷

开本：710mm×1000mm　1/16　印张：16.5　字数：292 千字

2011 年 2 月第 1 版　2011 年 2 月第 1 次印刷

书号：ISBN 978-7-5047-3737-3/B·0264

印数：0001—8000 册

定价：**29.80 元**

（图书出现印装质量问题，本社负责调换）

前言

WANG CAI JIN DIAN MIAN

　　风水学是专门研究人居环境的一门学科，是中国文化历史上独特的环境艺术思想。风水学又叫堪舆学，是集天文历算、地理环境、社会哲学、伦理学、民俗学等于一体的庞大的综合性学说，是人类生存的方法论和世界观。它包括"阳宅风水"和"阴宅风水"。自古以来，大至帝王兴建都城和皇陵，小至平头百姓选择家宅和墓地，都离不开风水；时至今日，风水学作为一项宝贵的文化遗产，以其博大精深的内涵，仍然渗透于城市规划、商铺选址、建屋装修、开业求职等社会生活各个方面。

　　我们知道，住宅风水的好坏对一个人的一生影响很大。好的住宅风水和地理环境不但能够满足人们物质方面的需求，而且让人的精神需求也能得到满足。商铺风水也是如此，一个商铺风水环境的好坏可以决定这个商铺的兴衰。

　　在生活中，我们经常会看到这样的情况：同在一条街上，有些商铺热热闹闹、顾客盈门，但在不远的地方，另一家同类商铺却冷冷清清，门可罗雀；同在一个位置，一家商铺由于经营不善而关门倒闭，可换了一个老板，改变一下门庭，却又搞得风生水起，生意兴隆。这到底是为什么呢？这当然会有很多方面的原因，比如经营种类、经营方式、营销策略等，都可能直接影响到一个商铺的经营成败。但有时候我们却发现，有些商铺的成败并不能用这些因素去解释，它的兴盛或衰败，似乎是由某些不可知的因素决定的。实际上，这些不可知的因素就是风水。在很多时候，这个说不清、道不明的风水却影响了商铺的成败兴衰。

鉴于风水对商铺成败兴衰的影响之大，本书吸纳古代风水学中的科学成分，结合现代的科学知识，以深入浅出、图文并茂的方式详尽地阐述了商铺与风水的关系，如商铺的选址方法和原则，商铺室内外的装修风水，商铺的旺财布局法以及商铺风水的调整和改造等方方面面。本书可以全面、有效地指导读者选择良好的经商环境，赢得商战先机，从而立于不败之地！

编　者

2010 年 11 月

目录

第四章　商铺室外装饰风水

第五章　商铺室内装饰风水

第六章　商铺旺财布局法

WANG CAI JIN DIAN MIAN

第九章　好风水商铺实例

WANG CAI JIN DIAN MIAN

第一章
风水学的基础知识

风水学就是论述和指导人们选择和处理住宅（阳宅）与墓地（阴宅）的位置、朝向、布局、营建、择日等一系列问题的主张和学说，是选择居住环境的一种术数。风水的核心是探求建筑与环境的协调关系，强调的是人与大自然的山川以及因此而起的风气的和谐相处。简单地说，风水勘察，就是选择和调整适宜人们居住的环境。

一、风水的渊源与传承

1. 风水的渊源

　　风水学是专门研究人居环境的一门学科，是中国文化历史上一种独特的环境艺术思想，是一门解释和改造人与周边环境关系的科学。

　　风水有很多别称，如：山水、堪舆、青乌等。其中，最常用的名称为堪舆，"堪"的原意为地突，即是指地的高处，代表地物，因此，堪舆就是研究地形、地物的学问。

　　关于风水的定义，现在人们普遍接受的表述是：风水是一门以《周易》为基本理论，按照"天人合一"的要求，指导人们选择和修建最佳的生存、生活、工作场所（古时还包括丧葬环境）的学问。

　　"风水"一词，最早始见于《葬书》："葬者，乘生气也。经曰：气乘风则散，界水则止，古人聚之使不散，行之使有止，故谓之风水。"《葬书》是我国古代最早的系统论述风水理论的书籍，有人说《葬书》是东晋时期的风水学家郭璞所写，但又有人说这本书直到宋代才成书。但不管怎么说，风水理论体系的形成和传播，都是比较早的事了。实际上，中国人的"风水"观念并非从晋代才产生的，而是更早。可以这么说，自从我们的先祖有思维能力以来，便懂得如何选择理想的环境以获得生存与发展。

葬經笺註

晉郭璞景純著

後學海鹽吳元音律安註

葬者乘生氣也

五氣行乎地中發而生乎萬物人受體於父母本骸得氣遺體受蔭經曰氣感而應鬼福及人……

早期的考古发掘表明，原始时期的人们对居住区、祭祀区与墓葬区等就存在着强烈的选择意识。原始人类在狩猎时期，就已经知道选择避风向阳的洞穴作住所，以利于保温、防潮。

实际上，风水学就是论述和指导人们选择和处理住宅（阳宅）与墓地（阴宅）的位置、朝向、布局、营建、择日等一系列问题的主张和学说，是选择居住环境的一种术数。风水的核心是探求建筑与环境的协调关系、强调的是人与大自然的山川以及因此而引起的风气的和谐相处。简单地说，风水勘察，就是选择和调整适宜人们居住的环境。

人们普遍认为能阻挡风的环形山、能拦邪气的弯曲水流，便是好的环境。这样的环境也就是人们常说的"风水宝地"，它不仅影响到人们居住的周围环境，也会对人的健康产生影响。再如"背山面水、坐北向南"的居住环境，对中国人来说，都是最理想的住宅模式。如果村落处在四面环山的山间谷地中的山前坡地上，左右有小溪潺潺，且整片土地北高南低，极利排水，也利通风、采光，则更是"山清水秀，地灵气顺"之地。而村落前有良田千顷，也足以"养民积粟"。这样的地方，就是中国人最理想的居住村落。即使在科学发达的今天，此种模式依然是人们向往的理想住宅佳境。

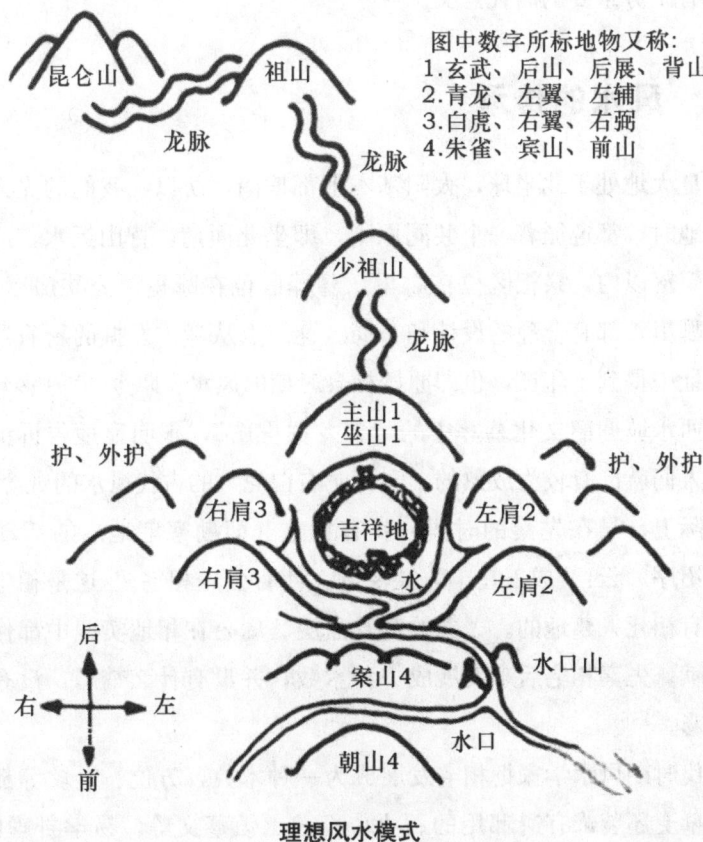

图中数字所标地物又称：
1. 玄武、后山、后展、背山
2. 青龙、左翼、左辅
3. 白虎、右翼、右弼
4. 朱雀、宾山、前山

昆仑山　　祖山
龙脉
龙脉
少祖山
龙脉
主山1
坐山1
护、外护　　　　　　　　护、外护
右肩3　　　　左肩2
吉祥地
右肩3　水　左肩2
后
右　　左
前
案山4　　水口山
水口
朝山4

理想风水模式

风水还有一个重要的任务，那就是为死去的人寻找合适的墓地。祖宗崇拜是中国宗教文化的一大特色，把死人安排得跟活人一样，是中国丧葬制度的主要用心。古人认为，人死后灵魂不灭，他仍会在另一个世界——阴世继续生活，因此死后的葬所，是生前住所的延伸和继续，因而居住环境又有阳宅和阴宅之分。所以，风水择居分为两大部分——活人居住的阳宅和死人居住的阴宅（墓穴）。

现代科学已证实，风水所要求的生态环境，关系着人类的生存与健康。人类生活在自然界，与外界有着千丝万缕的联系，所以，要特别强调与环境的协调。特别是生态环境日益恶化的今天，重视建筑的风水，创造优美宜居的人工生态环境，将风水原理运用于人类住宅和城市建设之中，无疑具有十分重要的时代意义。

2. 风水的传承

华夏大地处于北半球，太阳基本上都偏南，所以，我们的先人们在选择居住地时，都遵循着一个共同原则，即坐北面南，背山近水，或有壕沟环绕。聚落以内，祭祀区位在哪里，墓葬区位在哪里，公共房屋在哪里，粮仓在哪里，都有合理的设计和布局。这一点从考古发掘的新石器时代的聚落遗址中得到了印证，也即原始社会时期的风水。距今6000多年前的河南濮阳西水坡仰韶文化墓葬中的"青龙白虎图"，很明显地告诉世人，那时候，人们就已有较为成熟的"左青龙右白虎"的古代风水的观念。

实际上，早在先秦的时候，就有相宅（即勘察宅地）的活动。《尚书·召诏序》云："成王在丰，欲宅邑，使召公先相宅。"这是相生人的居所。也有相死人墓地的。先秦的贤君盘庚、周公在相地实践中都作出过重大的贡献。先秦相宅后来发展成一种术数，并没有什么禁忌，没有那么多迷信色彩。

汉代时期风水学家把相宅发展成为一种术数，方位、上坟等都有各种禁忌，墓上还装饰有避邪用的石人、石兽、镇墓文等。易学卦理的流行，也使风水学得到坚实的理论基础和系统化发展。"堪舆"一词最早出自汉淮南王刘安《淮南子》一书。汉代许慎曰："堪，天道；舆，地道也。"天道是指天文，地道是指地理。《易系辞传》："仰以观于天文，俯以察于地理。"故堪舆即洞察研究宇宙、天地、山川与日月星辰、斗转星移交汇变化现象之意。因此，风水学又叫"堪舆"术。"堪舆"也就是风水的最古老、最正宗的名字。这一时期，相地、相宅、相墓主要是在士大夫、达官

中国风水:
龙脉:秦岭—昆仑山—天山
宝场:中原—关中—汉中
后玄武:青藏高原
左青龙:大兴安岭—太行
右白虎:云贵高原
前朱雀:泰山

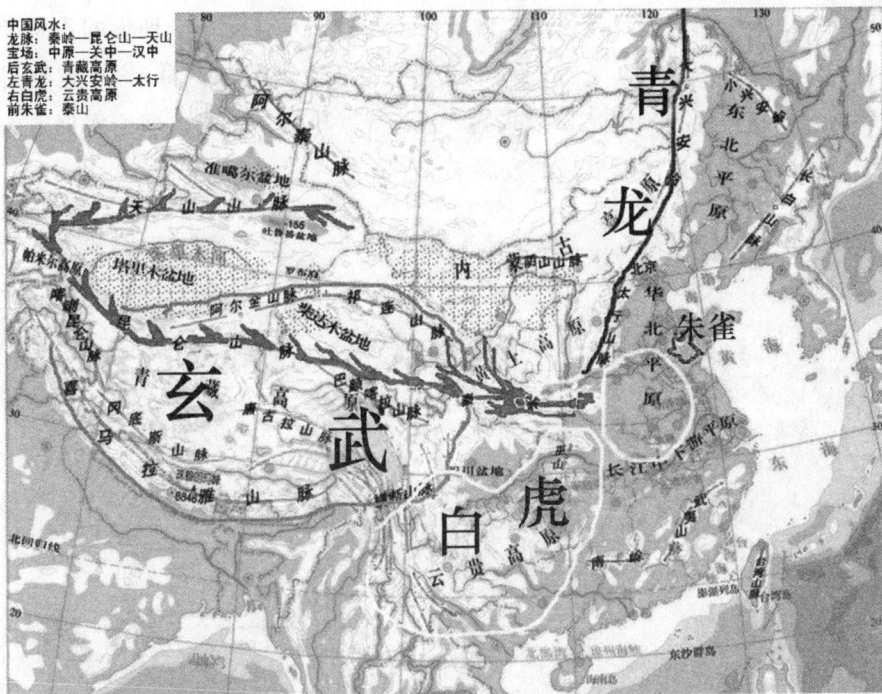

贵族等上层阶级流传，而身处下层的广大百姓却无缘问及，风水只为官宦阶层服务。

风水的萌芽时期是秦汉时期，这一时期还出现了一批有关风水的专著，如《堪舆金匮》《宫宅地形》《周公卜宅经》《图宅术》《大衍元基》《葬历》等。这表明，秦汉时期风水术已经完成了从实践到理论的形成过程。

大致在魏晋南北朝时期，风水学成为一种系统的思想体系，管辂、郭璞等一代风水宗师开始逐步完善过去有关风水的理念，并将其上升为一种理论。晋代郭璞的《葬书》中说："葬者，乘生气也。夫阴阳之气，噫而为风则云，降而为雨，行乎地中而为生气，生气行乎地中，发而生平万物。气乘风则散，界水而止，古人聚之使不散，行之使有止，故谓之风水。风水之法，得水为上，藏风次之。"这一段话既是对生气论的总结，又是历史上第一次提出"风水"这一特定的名词，郭璞也因为《葬书》而被尊为风水学的鼻祖。《葬书》中还提出了一整套的风水理论：以阴阳为根本，生气论为核心，藏风得水为条件，其目标是获得一个理想的生态环境。郭璞还认为"祖父子孙同气，彼安则此安，彼危则此危"，这也使得后世阴宅（即墓葬）风水得以兴盛。总之，《葬书》是风水理论发展的一个里程碑，也为风水学以后的发展定下了基调。

在唐朝以前，风水术一直被禁锢于皇室深宫，鲜为民间所知。唐末，风水大师杨筠松、卜则巍从皇宫流落到江西，并开始开班授徒，其后世弟子逐渐成了"形势宗"的风水派别。

风水在宋代时期得到很多理学家的鼓励和理学大师程颐、朱熹的倡导，另外，陈抟、邵康节、蔡元定等著名易学家也对风水进行了阐释和认定，一些风水著作相继出版，使风水为士人所接受，从而出现了以江西形法派和福建理法派为主体的风水学理论体系。宋徽宗相信风水，他原本无子，有一位术士告诉他，将京师西北隅地势加高数倍，就可得子。于是宋徽宗命人照做，果然得子，因此更信风水，又命人择宝地筑"上清宝篆宫"，结果劳民伤财，国库空虚，以致政权衰败。宋代的风水大师特别多，赖文俊、陈抟、徐仁旺、吴景鸾、傅伯通、蔡元定等都很有名。

到了明清，皇家修建陵墓都要求助于民间风水大师。明代的时候，风水被划分成三个流派，即形法（峦头）派、向法（理气）派、日法（择时）派，实际上它们也只是各有侧重，具体方法各有不同罢了。

朱元璋建都金陵时对风水极为重视。城外大部分的山都是面向城内，有朝拱之势，唯牛首山和花山背对城垣，朱元璋不悦，派人将牛首山痛打一百棍，又在牛鼻处凿洞用铁索穿过，使牛首山势转向内，同时在花山上大肆伐木使山秃黄。明成祖时，将都城迁往北京，即完全按照风水观念建造。明成祖是一位笃信风水的皇帝，这也导致民间都很讲究风水，风水成为明朝人很重要的准则。"十三陵"就是被风水大师廖均卿相中之后而推荐给明成祖，最后成为明朝皇帝的陵区的。

十三陵所处的地形是北、东、西三面环山，南面开敞，山间众溪汇于陵前河道，然后向东南奔流而去。陵前6公里处神道两侧有两座小山，西为"虎山"，符合东青龙、西白虎的四灵方位格局。用风水理论来衡量，天寿山山势延绵，龙脉旺盛，陵墓面南而立，背后主峰耸峙，左右护砂（山）环抱，向南远处一直伸展至北京小平原，前景开阔。陵墓的明堂（基址）平坦宽广，山上草木丰茂，地脉富有生气，无疑是一处天造地设的帝陵吉壤。

清代设有司天监，除负责观天象记录天文外，还负责陵墓的堪舆工作，因为清代各皇帝都笃信风水，很重视陵墓方位。清东陵南北长125公里，东西宽26公里，地跨北京三个郊县，总面积2500平方公里，是个极其庞大的帝王陵园，由此可见清代皇帝对陵墓风水的重视。而至今保存完整的故宫紫禁城，更是严格按风水学建筑的经典杰作，其恢弘磅礴的气势不知征服了多少世人。

紫禁城修建于明代，清代又重新扩建。故宫的建筑都严格遵循对称的规则，沿一条南北走向的中轴线排列，全都坐北朝南，体现着皇帝的至尊。

紫禁城有一条护城河（金水河），它从紫禁城的西北角流入宫中，流经几座重要建筑的前面，以造成背山面水的吉利环境，最后往东南经过太和门前，到文华殿前从东南角流出。这里，水不仅是为了故宫消防的需要，也象征着接纳财富。这也是风水重要的思想。

风水讲究坐山面水，但北京城地处平原，没有山。为了弥补这个缺憾，在修建紫禁城时，还专门在其西北边挖了一个北海，把挖出的土都堆到紫禁城的后面，堆成了一座山——景山。

　　清朝还设有国师府，共有四百多名国师。国师府的任务是：一是为皇朝找到好的风水宝地，安排好使用方法；二是破坏民间的地理风水，使其间所出之人不敢向朝廷造反，不能夺皇位。这些国师因为得到优厚的俸禄，所以一生都死心塌地为朝廷为皇帝效劳。

　　故宫的规划与建筑布局还运用了五行学说的观念。古人认为世上万物皆分阴阳，男为阳，女为阴；方位上前为阳，后为阴；数字中单数为阳，双数为阴等。在故宫，属于阳性的帝王执政的朝廷放在前面，将皇帝、皇后生活的寝宫放在后方，这不仅适应使用功能方面的需要，也符合阴阳之说。前朝安排了三座大殿，后宫部分只有两座宫（即乾清和坤宁二宫，交泰殿是后期建的），符合单数为阳、双数为阴之说。又如天上五宫的中宫居于中间，而中宫又分为三垣，即上垣太微、中垣紫微、下垣天市，这中垣紫微自然又处于中宫之中，成了宇宙中最中心的位置，为天帝居住之地。

　　解放以后，风水曾被认为是封建迷信的糟粕而备受打压，风水活动几乎陷入完全停顿的状态。改革开放后，人们的思想得到了再一次的解放，由于生活水平的提高，人们对居住环境的要求也更高了，因此更重视环境的选择和保护。在这个过程中，人们对盛行了几千年的风水术进行了重新的审视，发现它虽然含有不少的糟粕，但其中也蕴涵着很多的科学道理。与此同时，风水的概念及方法也被欧美等地的人们所重视和引用，有许多人进行专题研究，在风水理论与实践的基础上创立了建筑环境学。就这样，内外结合，国人开始转变对风水的看法，已销声匿迹近五十多年的风水术终于得到了复兴。2004 年 9 月 9 日，建设部中国建筑文化中心和国际易学联合会联合在人民大会堂举办了"首届中国建筑风水文化和健康地产发展国际论坛"，在全国引起了巨大的轰动。这是新中国成立以来第一个关于风水文化的高峰论坛。这标志着风水这门古老的关于环境哲学的学科终于开始得到复兴。

二、风水的哲学源头

1. 风水与五行

　　古代中国人认为组成宇宙万物的最基本的元素是金、木、水、火、土，这就是所谓的五行。这五种最基本的元素之间存在着相生相克的关系。即金生水，水生木，木生火，火生土，土生金；金克木，木克土，土克水，水克火，火克金。为什么这样呢？一般情况下，金属的东西由于表面较冷，容易使空气中的水汽在其上凝结，所以，金（属）生水；有水的地方就会生长各种植物，这就是水生木；木生火自然就很好理解；而火燃烧完后就形成灰，这就是土，所以，火生土；而金属的东西都是从地里出来的，所以，土生金。金属的东西能砍木，所以金克木；木长在土里，对土壤的原形造成破坏，所以，木克土。至于土克水、水克火、火克金，都比较好理解了。

　　在五行中被生的五行对于生它的五行，称做化。如木生火，又称做火化木，被化的又叫做被泄，即木被火泄。火化木后，火又去生土，这叫火化木生土，或称做火泄木生土。

　　五行的生克制化规律是一切易学预测法中最根本的法则，是推演事物变化的最重要依据，是一切预测学说的根本基础，也是堪舆风水术的基础

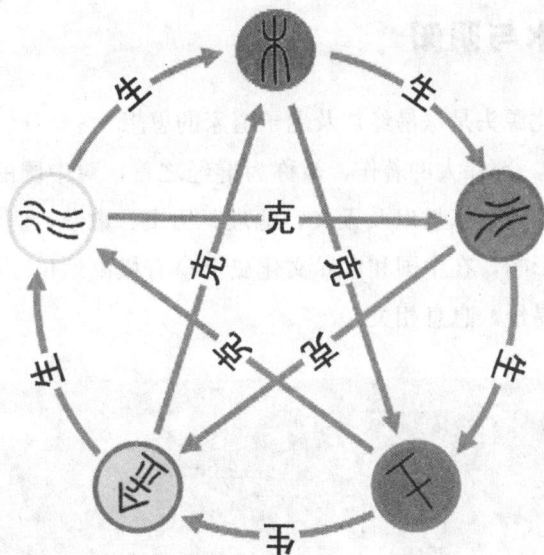

知识。

　　风水术认为，相地之奥妙，尽在五行之中。山川形势有直有曲，有方有圆，有阔有狭，各具五行。所以，风水的要点在于测其气验其质而已。质以气成，气行质中。地理千变万化，关键在五行之气。

　　风水师认为，五行是阴阳之纲领，造化之权衡，不仅是地形取决于五行，风水术中的所有理论都要以五行为指导，察地相穴都得依靠五行。《管氏地理指蒙》说："五行之五位，五方之五色，五性之五神，五正之五德，五象之五兽，此皆不可差而不可易。"

　　但风水学对五行的运用一直很混乱。风水学将五行与方位等联系到一起：东方木，南方火，西方金，北方水，中央土，用五行以定方位。又将八卦与五行和方位搞到一起，更变幻出了千变万化的组合。这是古代风水理论中最玄、最晦涩的部分。由于其难以理解，所以演变出很多种的解释，也演绎出很多风水支派。纵观过去，那些所谓的五行风水学说大多没有多少科学成分的。

2. 风水与阴阳

风水的文化源头是《易经》及老子道家的思想。

《易经》是一部伟大的著作，被称为群经之首，对中国的哲学、史学、文学、艺术、伦理、宗教以及天文、地理、历史、数学、医学、气功等发展产生了重大影响，在中国和世界文化史上享有极高地位。中国文化的很多方面都与《易经》息息相关。

《易经》应用于天道，就是天干、地支、气象与节气；应用于地道，就是大地、山川、河湖、道路、城镇、村落与住宅；应用于人道，就是人们的伦理观念与行为准则。风水这门选择、构建人们生活环境的学问，也是以《易经》为其理论基础的。古人认为，人要配合天、效法地，才能兴盛发展；违背天理人情、违背自然法则，就会失败遭殃。所以，人们在选择与布建生活环境时，总是要把城市、村落、住宅等与天象结合起来。法天效地，力求"天助、人助"、"万物兼育而不相害，道并行而不相悖"，使人和周围的生活环境、气候、天象、动植物、地形等达到协和、共进、互助的关系，从而达到"天人合一"、"天人相助"的最佳境地。

阴阳、八卦、五行是《易经》的基础，自然也就是风水的基础。

阴阳本指日照的向背，向日为阳，背日为阴，后来用以说明万物的本源，说明相互对立和相互消长的情况。先民们在考察天地万物之后发现，事物皆有相反相成即对立统一的两面，恰如阴阳之理。于是，人们就用阴阳理论去解释宇宙万物，将万事万物都归于阴阳两个方面：天为阳，地为阴；日为阳，月为阴；至为阳，去为阴；动为阳，静为阴；速为阳，迟为阴；昼为阳，夜为阴，等等。"阴阳者，天地之道也，万物之纲纪，变化之父母，生杀之本始，神明之本府也。""阴阳序次，风雨时至，春生繁祉，人民和利，物备而乐成。""是故阴阳者，天地之大理也，四时者，阴阳之大经也。"而宇宙万物皆由阴阳调和生成：即阴阳二气不断地一分为二，两仪生四象，四象生八卦……一生二，二生三，三生万物而化生出大千世界。老子也说："道生一，一生二，二生三，三生万物。万物负阴而抱阳，冲气以为和。"阴阳学说由是而生，形成了独具特色的中国古代哲学理论体系。

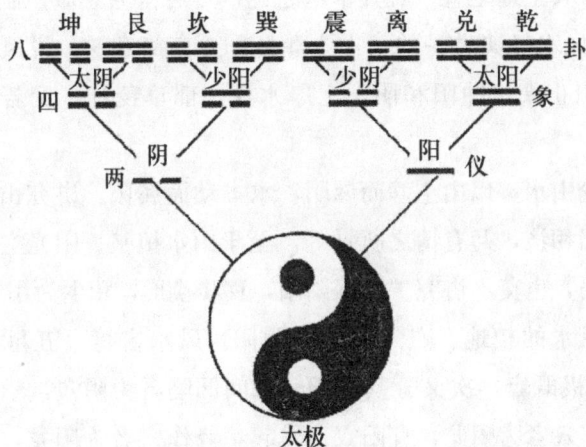
太极

阴阳一方面是对立的，另一方面又是统一的，阴阳互相以对方为自己存在的条件，世界上没有绝对的阴和绝对的阳存在。所以说阴阳互根。

15

阴阳是可以互相转化的，物极必反，阳极必阴，阴极必阳。

阴阳是风水术的一个中心理论，特别讲究阴阳二气的冲和，因为世界上的所有生物都是阴阳交媾的产物，孤阴不长，孤阳不生。

风水术以阴阳解天地，《管氏地理指蒙》中说："混沌开辟，江山延衰。融结阴阳，磅礴宇宙。冈骨既成，源脉已透。以钟形势，以通气候。以清以浊，以奇以偶。精积光芒，呈露星宿。以孽衰微，以孕福寿。"又说："东南方，阳也。阳者，其精降于下。西北方，阴也。阴者，其精奉于上。"

风水理论认为，人是由阴阳二气派生出来的，因此，人要适从于阴阳，不得违背阴阳。顺者昌，逆者亡。"大门朝南，子孙不寒；大门朝北，子孙受罪。"南为阳，北为阴；住宅朝南，为阳，有吉；住宅朝北，为阴，有凶。这些都是极朴素但又有科学道理的思想。

风水家提倡"相其阴阳"，也就是说详细审视和测量山川的地形、地质、水文、小气候、植被、生态、景观等，然后择其佳处辨方正位，确定建筑规划事宜。风水古籍说："辨其山林川泽丘陵坟衍原隰之名物"；"以土会之法辨五地之物生"；"天地之所合也，四时之所交也，风雨之所会也，阴阳之所合也。然后百物阜安，乃建王国焉"；"相其阴阳之和，尝其水泉之味，审其土地之宜，观其草木之饶，然后营邑立城，制里割宅，正吁陌之界"。风水经典之一的《古本葬经》更言简意赅，说风水之选择标准是："来积止聚，冲阳和阴，土厚水深，郁草茂林，贵若千乘，富如万金。"

风水家论山水，以山主静而属阴，水本动而属阳，讲究山水交汇，动静相乘，阴阳相济，乃有情之所钟处。至于山水植被、阳光空气以及建筑形式空间布局，也莫不讲究"动静阴阳，移步换形，相生为用"。

所以，风水的相地、点穴离不开阴阳。风水古籍《五星捉脉正变明图》曰："太极既定，次又分其阴阳。晕间凹陷者为阴穴，晕间凸起者为阳穴。就身作穴者为阴龙，宜阳穴。另起星峰作穴者为阳龙，宜阴穴，反此皆有凶咎。"

风水以阴阳交感为吉。《神宝经》中说："阳作必借阴气一吸，阴作必借阳气一嘘，即阴来阳作，阳来阴作之义。若阳来阳受者，则见福舒徐；若阴来阴受者，则见祸惨急。"这就将人间祸福与阴阳联系在一起了。

在我国民间，多将从事风水勘察工作的人称为"风水先生"，又由于风水先生要利用阴阳学说来解释，并且人们认为他们是与阴阳界打交道的人，所以又称这种人为"阴阳先生"。

3. 风水与八卦

八卦是《易经》的重要内容，风水也总是与八卦扯上了关系，特别是八卦理论中的"四象"。

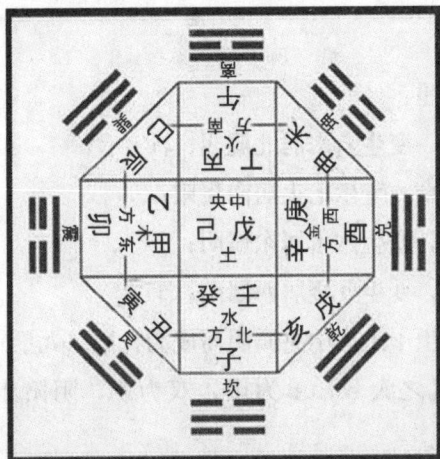

八卦是从古代的河图、洛书演变而来的。相传在远古时期，伏羲氏取得天下，把国家治理得井井有条，感动了上天，上天就遣一匹龙马从黄河中跃出，背上驮着一张图，作为礼物献给他，这就是"河图"。

后来，大禹治水时，洛水中浮出一只大乌龟，它背上也刻着一幅图，人们称之为"洛书"。"洛书"所画的图中共有黑、白圆圈45个，按一定的规律排列。

河图上的意思是：天一生水，在北属阳；地二生火，在南为阴；天三生木，在东为阳；地四生金，在西属阴；天五生土，在中央属阳。此即是五星。

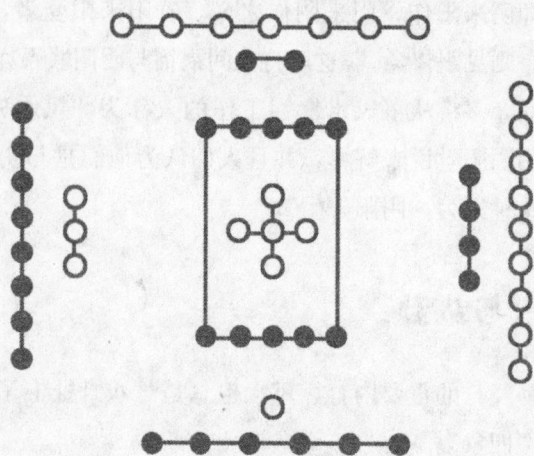

河 图

五星又变生九星：

天一配合中五，变生六水居北属阴；

地二与中五配合，变生七火居南属阳；

天三配合中五，变生八木居东属阴；

地四配合中五，变生九金居西属阳；

中五相交，变生十土居中央属阴而成为九数（九星）。

此乃天生地成之大数，单为阳，双为阴，阴阳相配而生万物以至无穷。

相传，伏羲氏凭借着"河图"而演绎出了八卦。这就是所谓的先天八卦。

先天八卦两两相对，从本质上揭示了宏观世界普遍存在的对立统一及其消长的客观规律。后来，人们又发展出所谓的后天八卦即文王八卦。

风水认为，先天之气是万物生发之源，也是堪舆的理气之源。无论是阴宅还是阳宅，在本质上都以先天八卦为体。而风水讲究阴阳配合，其实就是取四正与四维之卦相配，以实现天地源气流行之真阴真阳交合。

"四象"一词最先出自《易·系辞》，里面说道"太极生两仪，两仪生四象"，四象即太阳、太阴、少阳、少阴。先哲在天文学中也有"四象"

一词，但与《易》中的概念完全不同。古人在观察星辰时，选择了黄道、赤道附近的二十八个星宿作为坐标。东、南、西、北各有七宿，每七宿联系起来想象就很像一种动物。比如，东方的角、亢、氐、房、心、尾、箕七宿，角像龙角，氐、房像龙身，尾宿像龙尾，它们连起来像一条腾空而起的龙，于是先哲称东方为苍龙；南方的井、鬼、柳、星、张、翼、轸七宿，柳为鸟嘴，星为鸟颈，张为嗉，翼为羽，它们连起来像一只展翅飞翔的鸟，于是先哲称南方为朱雀；北方有斗、牛、女、虚、室、壁七宿，像一只缓缓而行的龟，因位北方称为玄，又因其身有鳞甲，故称武，合称玄武。西方有奎、娄、胃、昂、毕、觜、参七宿，像一只跃步上前的白虎。这四种动物的形象，称为四象，又称为四灵。

　　"四象"作为方位，在先秦的《礼记·曲礼》已有记载："行前朱鸟而后玄武，左青龙而右白虎。"《疏》里又说："前南后北，左东右西，朱鸟、玄武、青龙、白虎，四方宿名也。"这里，朱鸟即朱雀。"左东右西"的概念与我们现今的地图概念有区别。现在的地图都是上北下南，左西右东。古人的地图是倒过来的，下北上南，这样就成了"左东右西"。风水先生将"四象"运用到地形上，以"四象"的形象及动作譬喻地形，又附会吉

19

凶祸福。郭璞在《葬书》中说："经曰：地有四势，气从八方。故葬以左为青龙，右为白虎，前为朱雀，后为玄武。玄武垂头，朱雀翔舞，青龙蜿蜒，白虎驯伏。形势反此，法当破死。故虎蹲谓之衔尸，龙踞谓之嫉主，玄武不垂者拒尸，朱雀不舞者腾去，土圭测其方位，玉尺度其遐迩。以支为龙虎者，来止迹乎冈阜，要如肘臂，谓之环抱。以水为朱雀者，衰旺系形应，忌夫湍流，谓之悲泣。"风水学上的四象方位就源于此。

三、风水的核心——气

气，在古代是一个很抽象的概念。先哲们认为，气无处不存在，气构成万物，气不断运动变化。《老子》说："万物负阴而抱阳，冲气以为和。"宋张载在《正蒙·太和》云："太虚无形，气之本体，其聚其散，变化之客形尔。"《管氏地理指蒙》云："未见气曰太易，气之始曰太初。一气积而两仪分，一生三而五行具，吉凶悔吝有机而可测，盛衰消长有度而不渝。"这就是说，世界是从无（未见气）到有（气之始），气是本源，它分化出阴阳（两仪），又分出金、木、水、火、土五种物质（五行），这些物质的盛衰消长都有不可改变的规律（有度而不逾），并且有了祸福（吉凶悔吝），这些祸福都是可以预测的。

"气"是风水学的核心，在风水学古籍中被反复提到。《葬书》说："气乘风而散，界水则止。聚之使不散，行之使有止，故谓风水。"又说："风水之法，得水为上，藏风次之。"郭璞简明扼要地说明了"风水"理论的根本：以"生气"为核心，以藏风、得水为条件。所以，不论是阴基还是阳宅，都讲究气和向势的问题，气是核心，要求能乘气、顺气、界气，制止死气、煞气、泄气等。所以，有学者这样说："认识气，便懂得风水的全部。"

《葬书》又说："葬者，藏也，乘生气也。夫阴阳之气，噫而为风，升而为云，降而为雨，行乎地中，谓之生气。"

21

　　《青乌先生葬经》也说："山水者，阴阳之气也。……动静之道，山水而已，合而言之，总名曰气；气分言之，曰龙、曰砂、曰穴、曰水。有龙无水则阴盛阳枯而无以资；有水无龙则阳盛阴衰而气无以生。"在这里，风水将我们的先贤们论气的哲学思想具体量化了。又说："地有佳气，随土所生；山有吉气，因水而止。气之聚者，以土沃而佳；山之美者，以气止而吉。""内气萌生，外气成形，内外相乘，风水自成。"

　　《葬经翼》则说："夫山者宣也，其气刚；川者流也，其气柔；刚柔相荡而地道立矣。"即是说，山和水都各有自己的气。

　　明代徐善继、徐善述在《地理人子须知》中综述前人论述后说："地理家以风水二字喝其名者，即郭（璞）氏所谓葬行乘生气也。而生气何以察之？曰：气之来，有水以导之；气之止，有水以界之；气之聚，无风以散之。故曰要得水，要藏风。又曰气乃水之母，有气斯有水，又曰噫气惟能散生气；又曰：外气横形，内气止生；又曰：得水为上，藏风次之；皆言风与水所以察生气之来与止聚云尔。总而言之，无风则气聚，得水则气融，此所以有风水之名。循名思义，风水之法无余蕴矣。"这段论述将风水学上的山、水、气的关系表述得很清楚了。它强调"气"的行与止，而"聚之"、"行之"生动地表达了动与静的矛盾统一，也就是说"气"的动与静的相对平衡、有机结合才叫做"生气"，才能为人们所利用。

风水术认为，气是无穷变化的，它可以变成水，也可以积淀为山川。明代《水龙经》说："太始唯一气，莫乞于水。水中积浊，遂成山川。经云：气者，水之母。水者，气之子。气行则水随，而水止则气止，子母同情，水气相逐也。夫溢于地外而有迹者为水，行于地中而无形者为气。表里同用，此造化之妙用，故察地中之气趋东趋西，即其水之或去或来而知之矣。行龙必水辅，气止必有水界。辅行龙者水，故察水之所来而知龙气发源之始；止龙气者亦水，故察水之所交而知龙气融聚之处。"由此可知，山脉和河流都可以统一于"气"中，寻找生气就是要观察山川的走向。

风水学认为，"气"是生发万事万物的根基，"有气"的地方才有希望，有希望的地方就是"吉地"，所以，风水实践的最终目的就是寻找能够聚集或生发"气"的那个地点。风水里所说的气有所谓的内气和外气之分。对于人体来说，天地气场为外气，人体气血场为内气，当天地人三个气场相合一致，对人才能有利。

风水学的灵魂是有关"气"的理论，具体说来就是关于聚气的方式和方法。风水学主张相地、择地，主要是要看它能不能"聚气"和"藏气"，能"聚气"和"藏气"的地方就是理想的风水佳地，否则就是不好的风水。为达到"聚气"和"藏气"的目的，要特别注意自然环境与人造环境各要素的相互关系：山峦要由远及近构成

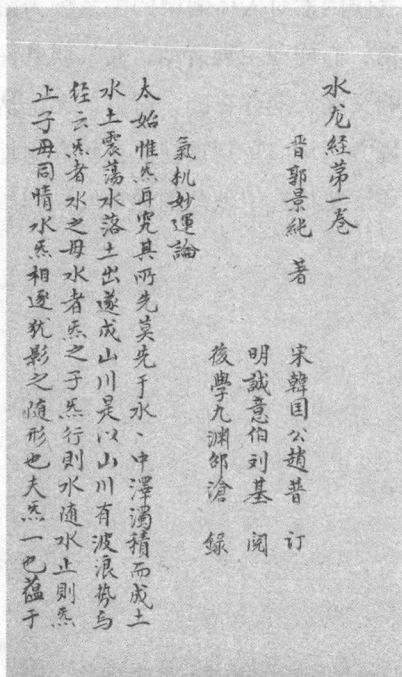

《水龙经》

环绕的空间；在规划区域内要有流动的水。风水中特别讲究来龙、大帐、左右砂山及前面案山、朝山。三面环山围护，一面朝南正向的开缺。开缺之处又有案山、朝山的低峦之山，以防气场直冲直射，这些都是以"气"为中心展开的工作。

风水学强调气脉的连续性和完整性，所以《葬书》有"断山"、"独山"不可葬之说。与气脉的完整性和连续性同样重要的是它的曲折和起伏。无论是山脉、水流或是道路，风水学都对曲折与起伏有着特别的偏好。认为只有屈曲回环、起伏跌宕方有生气止蓄。直线对物质、能量和信息的流动是高效的，现代社会，无论是公路、铁路、排灌渠或是通信线路，都追求直线，这恰与风水学说所追求的相反。以水流来说，曲折蜿蜒的形态除了有其美的韵律外，还可以增加物质的沉积，有利于生物的生长、减少水灾等。

另外，气也指气候，包括温度、湿度、太阳辐射、气压等因素。这些气候因素对人体健康的关系极为密切，气候的变化会直接影响到人们的感觉、心理和生理活动。而气候条件是较为复杂而多变的，对居住环境的影响又是长期存在的，所以，无论从总体概念上还是在局部地区，在气候环境方面均应特别重视。在研究用地时，既要留心区域性范围的大气候，又要注意待选用地范围的小气候和微气候。

四、风水的两大要素

1. 山

　　山是风水学的两大要素之一，在风水学上有很重要的意义。山的形状和所在位置与吉地的真假、吉凶关系甚大。因为风水术是以"山管人丁水管财"为原则的，可见山之重要性。

　　风水从古代的阴阳五行学说演变而来，在风水学上，把山称为阳，水称为阴。风水点穴，讲究的是要找到真龙。何为龙者？山脉也。

　　就山地而言，山脉为龙，"委宛自复，回环重复；若距而候也，若揽而有也；欲进而却，欲止而深；来积止聚，冲阳和阴；土高水深，郁草茂林。贵若千乘，富如万金"（《葬书》）。即山势连绵起伏、蜿蜒回环、土厚水丰、植被茂密者即为有生气之龙。

　　山之所以如此重要，主要的原因在于，风水的核心要素——气主要是依附山或龙而存在的。

　　中国是个多山的国家，许多山脉雄峻非凡，气势磅礴，忽而直插青云，云烟缭绕；时而奔腾起伏，千姿百态，时而舒展缓落，伏首苍田；或而隐踪匿迹，身形不见。龙是中华民族的图腾。风水术用形象思维的方式，将逶迤奔腾、形态万千的山脉称之为龙脉，比喻是非常恰当的。

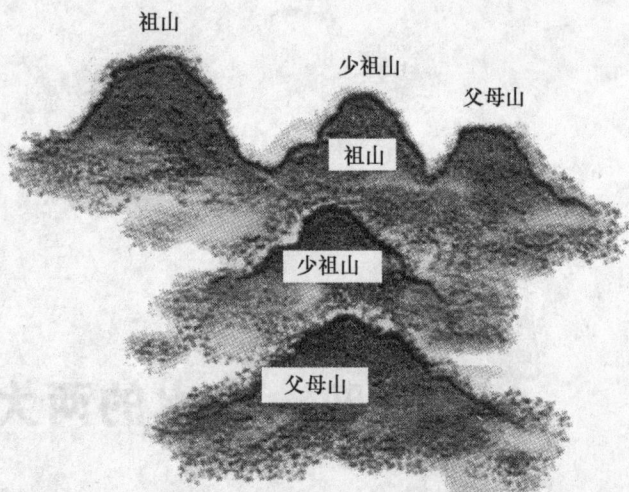

祖山

少祖山

父母山

祖山

少祖山

父母山

风水术用拟人化的方法来分别龙的不同级别，认为作为某处的一条具体的龙，它不是孤立存在和凭空出现的，与人一样，龙也有父母祖宗。风水学上将山分成了祖山、少祖山、父母山（靠山）等不同等级，穴位后面的山峰叫做父母山，依次往后是少祖山、祖山……山脉的源头是龙的老祖宗。查求龙的各级祖宗就叫"认宗"。古话云："寻龙不认宗，到头一场空"，可见龙的起源对龙穴的富贵、贫贱有非常重要的关系。风水学认为，中国的山脉都是从昆仑山发脉，在中国大地分布有三条"干龙"，以长江和黄河为界，长江以南的干龙叫南干龙，长江和黄河夹送的干龙叫中干龙，黄河北面的干龙叫北干龙。三大干龙同是昆仑山南龙的分支。三大干龙的总体走向大体上都是从西往东到海为止，有的则延伸到大陆架的岛屿。三大干龙在从昆仑山往东延伸的过程中，或南或北，一路分支劈脉，孕育出各级支龙。所以，每条"干龙"上又分有各种等级的"支龙"、"小龙"，孕结出成千上万的富贵之穴和大大小小的垣局，有如群星撒落在神州大地上。

风水术讲究"龙真穴的"，即龙一定要真，点穴一定要准确。但必是先有"龙真"然后才有"穴的"。所以，辨别龙的真假，是风水术最紧要的功夫。

天下之山，山山都有龙，但并不是每一条山脉都是真龙。

　　山或龙，有吉凶之分，吉龙为光肥圆润、尖利秀美、势雄力足、雄伟磅礴的山脉，这样的龙称为"真龙"，能够迎气生气。凶龙为崩石破碎（断山）、山脉僵直、歪斜臃肿、势弱力寡（独山）、枝脚瘦小、树木不生的山，这样的龙称为"老龙"、"死龙"，没有什么生气。

　　真龙必有穴，假龙必无穴可点。真龙必重重缠护，假龙必缠护甚少或没有缠护。真龙必星峰秀丽，假龙必山体粗陋。真龙必活泼喜人，假龙必僵硬笨拙。真龙必山水有情，假龙必山水反背。

　　看龙，还要看龙的行止。只有看清了龙的行止才能准确找到穴场。

　　龙行则山势奔走不停，水势湍急而不回环，山水不聚，门户不关；龙止必尊星不动，逆水回拦，砂交水会，水口关严。所以，辨认龙的动静行止，一看山势的起伏跌宕，二看砂水送迎，三看水之分合，四看水口关拦。

　　龙还有所谓的旁正之别。祖山之下，数龙并出，如何才能分清旁正呢？正龙禀受正气而生，大多穿心出帐，星辰端庄尊重，行龙活泼自然，护卫、侍从不离左右，过峡时有迎有送，结穴时山水重重缠护，形态、气势自与众山各异。而旁龙总要弦露出俯伏、揖让、退逊之神态，仔细从主从关系上去观察和分析是不难区分的。

除了山之外，风水学上还有所谓的"砂"。风水学上将吉地前后左右起围护作用的小山称为"砂"，"砂者，穴之前后、左右山也"。"砂"也是构成穴场环境的重要因素之一，是穴场的重要组成部分，砂的形状和所在位置与穴的吉凶关系甚大。风水学甚至认为，砂与人丁的数量和后代的素质均有重要的关联，因此有"山管人丁水管财"之说。

不同方位的砂有不同的称谓和作用。

穴后之砂叫乐砂，乐砂后之砂叫鬼砂，穴近前横拦之砂叫案砂，案砂前之砂叫朝砂，穴左之砂叫龙砂，穴右之砂叫虎砂，位于水口位置的则叫水口砂。

砂之吉凶，与龙相似，凡形状尖、圆、方、正、形如贵器、开面有情、秀丽光彩、有情向穴者为吉砂；空破、歪斜、倾崩、形体丑陋、形如凶器、背穴而无情者则属凶砂。

不同的砂还有特别的吉凶之道：

乐砂以端正卓立、障护穴场有力、令穴后没有空缺者为吉。乐砂有特乐、借乐、虚乐三种类型。

特乐，是指远山特来，挺然有力而托穴，使穴后不至空旷。主人丁大旺，骤发富贵。

借乐，指横嶂托穴而有力，其福祉仅次于特乐。

虚乐，非特来，又非横嶂，而是三三两两的小山，在穴后偏旁低闪，不枕穴场，穴后空旷，虽有实无，属于假穴。

龙虎二砂乃穴之左右手臂，左臂为青龙砂，右臂为白虎砂，是穴之护卫。穴有龙虎抱卫，则穴场周密，生气融聚。龙虎抱穴而有情，左右揖让，龙略高而虎略低，高低肥瘦匀称，为吉砂；龙虎反背、走窜、相斗、折臂、破碎、粗恶短缩、强硬，如刀似枪，或生峻险之石，显露凶气等，皆属凶砂。

案山以端正圆巧、秀丽光彩、抱穴有情为吉，案山宜秀气、伏贴而有情向穴，忌斜走、反背、粗恶。形如玉几、横琴、三台、天马、龟蛇、金

箱、玉印、书架、书简、砚台、方桌、笔架者都属吉案。斜飞、走窜，或向穴尖射，形状臃肿粗顽、破碎、崩塌、歪斜不正、背穴而无情就不是吉案。

经云："一案遮百丑"，即使朝山有粗陋尖射等弊病，有案山遮挡则穴中见不到其丑，免受其害。又说"前有案山，不怕明堂深万丈"，穴前明堂偶有倾泻气散之势，如果有一案横拦，则可使气聚。

刘基《堪舆漫兴》中论案诗说："前面有案值千金，远喜齐眉近应心。案若不来为旷荡，儿孙破败祸相侵。""案山顺水本非良，过穴湾环大吉昌。若有外砂来接应，万代儿孙姓名香。""外山作案亦堪求，关抱元辰气不流。纵有穴情无近案，颠沛流离走他州。"可见，案山是非常重要的。天下有不见朝山之美地，但罕见没有案山之佳穴。

朝山须有情朝拱为吉。无情向穴者，虽峻秀也终是无用之物。尖圆、方平、端正秀丽、光彩妩媚的朝山即属吉。形如笔、剑、印、笏如贵器之朝砂主贵。五星聚会、三台列拱更是大贵之朝砂。迢迢远来，两水夹送，特来献秀，拜伏朝拱者乃上格之朝山。横开帐，有情面穴，或两边如排衙唱喏之状的横朝山，次之。而破碎崩崖、张牙舞爪、丑陋嶙峥、歪斜探头、走窜、尖射、臃肿、粗顽、枯瘦无荣、反背无情均为凶砂。

水口砂的作用是拦水聚水，不让水势一泻而去。如果没有水口砂，则水口不关，不利丁财。水口有山周密交结，犬牙交错，或高峰耸立，或异石挺立中流，出水口狭窄险峻，便是水口关拦严密，一针水口犹为可贵。

下手砂又名下关、下臂。不论东西南北，凡是出水一方，统称为下手。凡下手有砂，则有结作。只要下手一山兜乘得上手山过，就是吉地。穴前流水到左，则左为下手；穴前流水归右，则右为下手。要左臂一山逆水长于右山，兜住右边山水；要右臂一山逆水长于左手，兜住左边山水，这叫做逆关，主发财禄。如果下手山短缩，兜不过上手山，便成假穴。下手重叠紧密，则结作越大。下手空旷，则不需寻地。

所以，一个典型的风水宝地，除了有靠山（镇山）之外，左右两侧还应该有起护卫作用的山，使整个穴场成兜拥抱状，来挡住"风"对气场的破坏，达到更好的聚气作用，让人们在心理上感到安全；同时也能够提供给人类一些维持生存的物质资料。

到了平原，没有了山，但龙依然存在，此时的龙已经转入地下。"莫道高山方有龙，却来平地失真踪。平地龙从高脉发，高起星峰低落穴。高山既认星峰起，平地两旁寻水势。两水夹处是真龙，枝叶周回中者是。"（《撼龙经》）可见，龙是有走向的，而气依附于龙，走向和龙脉一致。

2. 水

水是自然界一种非常重要的物质，对调节气候、净化环境具有重要作用，人类更是须臾离不开它。风水学中，水也是具有极其重要意义的要素之一，其重要性有时甚至在气之上，所谓"风水之法，得水为上，藏风次之"是也。

水与山不可分离，两山之间必有一水，水与龙（山脉）一属阳，如同夫妻一般如影随形。所以，山势委曲自复，水也自然回环有情，源远流

长。也像夫妻一样，如果山与水不交合，也不可能有结作，更不可能有佳穴。生气融融的穴是龙水共同孕育的结果。

风水学家认为，水是山的血脉，凡寻龙至山环水聚处，两水交汇于此，水交则龙止。所以，风水家也将水比做龙，称"水龙"。所以，《周易阴阳宅》说："水者，龙之血脉。穴外之气，龙非水送，无以明其来；穴非水界，无以明其止。"在无山脉可依的平原地区，风水家择地更是以水代山，"行到平原莫问纵（山脉），只看水绕是真龙"。《水龙经》便专门讨论了水龙寻脉的要旨和法则。

风水学认为，气也是随着水而走的，有水必有气。水的走向，就是气的走向。又有，"吉地不可无水"，所以，要寻找风水宝地，必须先观水势。"未看山，先看水，有山无水休寻地"，水受到了风水家的特别重视。

然而，风水家又认为："水有大小，有远近，有浅深，不可贸然见水便为吉。"所以，当审其形势，察其性情，别其吉凶，以作取舍定之标准。风水家取舍水的标准，主要是以水的源流和形态为依据的，"水飞走则生

31

气散，水深处民多富，浅处民多贫，聚处民多稠，散处民多离"。

这就是说，水要屈曲，横向水流要有环抱之势，流去之水要盘桓欲留，会聚之水要清净悠扬者为吉；而水有直冲斜撇，峻急激湍，反跳倾泻，水淹、冲刷、侵蚀等，其势皆为不吉。

较典型的例子是在河流的屈曲处：在河流弯曲成弓形的内侧处，其基地为水流三面环绕，这种形势被称为"金城环抱"，又称为"冠带水"、"眠弓水"，是风水水形中的大吉形势。所以，从皇家建筑如故宫中的金水河、颐和园万寿山前的冠带泊岸，到民宅前的半月形风水池均由此衍出。

这种说法是有科学道理的。由现代水文学可知，在河流的弯曲处，由于水力惯性的作用，河水不断冲击河曲的凹岸，使其不断淘蚀坍岸，而凸岸一侧则水流缓慢，泥沙不断淤积成陆，既无洪涝之灾又可扩展基地，发展住宅。

　　风水术上所说的水，直观的是指河流、渠道、水沟、湖泊、池塘、大海，包括一切流动的水和静止的水体。而根据水具有流动、向下、在低处静止的性质，平原和城市的道路、街道、排水沟、凹洼、电梯等也都以水论之。

　　水对风水学来说是很重要的，但并不是所有的水都是好的，实际上，水也有吉凶之分。

　　如何分辨水的吉凶呢？只要从水属阴的本质和有情、无情两方面入手：凡现出属阴真性的水就是吉水，反之则为凶水；与龙穴有情之水是吉水，反之则属凶水或无用之水。水的本性属阴、柔、平、静、缓、屈曲、弯环、停蓄，所以，抱穴、朝穴、回流反顾即是有情。而奔腾、咆哮、直窜、反弓、射穴，有如河东狮怒，则是无情。

　　如此论之，随龙水（从龙的祖山一路随龙而来的水）、九曲水、御街水、金城水、板仓水、横抱水、烫胸水（即水缠玄武）等皆属吉水；而射胁水（冲向穴之左右两胁）、冲心水、淋头水、反弓水、裹头水（割脚水）、斜撇水、八字水、漏槽水、刑杀水等皆属凶水。

　　御街水：明堂前九曲水对朝而来，最为吉祥，出大贵。特别是来水在堂前聚结，更吉。所以风水学上说：水朝不如水聚。一潭深水聚注穴前，不见来源，不见出处，乃至富至贵之格。

　　金城水：穴前之水绕抱如束带，为腰带水，主贵显。

　　板仓水：田源之水，平铺穴前，不冲不割，主富。

　　冲心水：急流直冲穴心，也叫水破天心，不吉。

　　射胁水：直水冲向穴之左右两胁，直来叫射，横来叫穿，属凶水。

　　反跳水（反弓水）：水到穴前反身背穴向外流去，属凶水。

　　八字水：水在穴前分八字向外流去，凶水。

　　淋头水：穴上无脉，水淋穴顶，不旺人丁。

　　漏槽水：穴下深槽，水直倾如槽，不论有无明水皆凶。

　　刑杀水：穴前无数乱水交流，不论直射斜飞，凶。

　　裹头水：也叫割脚水，穴前水流甚近，水割穴前山脚。主贫病孤弱。

　　斜撇水：水不到堂，斜向流去，虽有实无，不吉。

　　总结起来，水有八吉八凶（即八美八丑）。八美为：一眷，去而回顾；二恋，深聚留恋；三回，回环曲引；四环，绕抱有情；五交，两水交汇；六锁，弯曲紧密；七织，之玄如织；八结，众水会潴。八丑为：一穿，穿胸破膛；二割，割脉割脚；三牵，天心直出，牵动土牛；四射，小水直来，形如箭射；五反，形如反弓；六直，来去无情；七斜，斜飞而去；八冲，大水冲来。

　　水来之处称为天门，水去之处（即水口）叫做地户。穴前是否天门开而地户闭，是辨别风水宝地的重要根据之一。所谓天门开就是指水要到堂，所谓地户闭就是指水口要关拦严密。水不流入明堂则不能为我所用，水口不关则表明阳阴未交或龙行未止。

　　山和水为风水的两大要素，但它们并不是截然分开的。在阴阳关系上，天是阳，地属阴；山属阳，水属阴。"阳以相阴，阴以含阳"，"夫阴阳之气，噫而为风，升而为云，奋而为雷，降而为雨，行于地中而为生气"。所以生气就在地中，并随地形而走，"丘垄之骨，冈阜之枝，气之所随"。所以，要找风水佳地，主要就是勘察地形即察看当地的山水。水与山不可分离，两山之间必有一水，所以，山势委曲自复，水也自然回环有情，源远流长。所以，风水讲究要有山环水抱，认为形止气蓄的地方才是真正的好地方。并强调了一个"左青龙，右白虎，前朱雀，后玄武；玄武垂头，朱雀翔舞，青龙蜿蜒，白虎驯伏"的穴前清流屈曲、两侧护砂环抱的理想风水意象模式。

五、风水的流派分野

　　古代的风水学，其理论架构主要为天、地、人三才的处理方法。天理中涉及的季节变迁、灾情变化、气流风向、雷电、太阳、月亮、星辰和方位等对人间影响的规律。在地理层面上，主要研究山川、河流、树木、潮汐、地形、土壤等方面对人居的直接、间接的影响。在生命层次上，则主要关注人的生老病死的变化周期性和内在规律。中国传统思想认为，生为寄居、死为永归，生于世上是一个暂时的旅程，因此，死的归宿地有时比生更重要。由此，中国风水术又分堪定阴宅和阳宅两类。而且阴宅常常比阳宅工程更大、更辉煌，如秦始皇陵等。

　　复杂的风水理论，都恪守天人合一、阴阳平衡、五行生克三大古典原则。无论是千尺为势、百尺为形的分类，还是以罗盘为导向的峦头法，觅龙、察砂、观水、点穴、取向，以及寻求整体上的内敛向心，围合调场的追求，都可以从这三大古典原则中找到其理论根据。

　　由于所依据的理论众多和繁杂，风水术在长期的历史发展进程中，形成了诸多的流派，各个流派的理论、术语、操作技术等各个方面都有不同的特点，看待和剖析风水的角度也各不相同。

　　风水最主要的流派有所谓的"形势派"与"理气派"之分。

1. 形势派

　　形势派又叫峦头派或形法派，偏重地理形势，注重觅龙、察砂、观水、点穴、取向等辩证方法，其核心内容是根据山川的走向（龙）、宅居或墓葬所在的位置（穴）、宅居或墓葬四周的山峦体势（砂）、宅居或墓葬位置相关的水体位置和水流方向（水）等四个方面，来判断所处空间环境的优劣，以及由之引发的人的凶吉祸福。一个典型的最佳风水格局，是一个完整而向内聚合的层层环绕的空间格局，包括祖山、少祖山、主山（又称龙山、坐山、乐山）、青龙（左辅）、白虎（右弼）、左右护山、案山、水口山、朝山，是一个负阴抱阳、后高前低、两侧透视、四周环绕、中穴平正、明堂开阔、来龙蜿蜒、周砂拱卫、内敛向心、水流曲缓、林木繁盛、阴阳和顺的相对比较封闭而完整的空间环境，这种环境是中国古代城市和村落选址的理想环境。

2. 理气派

　　理气派注重阴阳、五行、干支、八卦九宫等相生相克、先后排列的理论，将阴阳、五行、八卦、河图、洛书、星象、神煞、纳音、奇门、六壬等几乎所有五术的理论观点都纳入其立论原理，形成了十分复杂的风水学说，也分出许多小的门派。

　　一般来说，形势法主要为择址选型之用，理气法偏重于确定室内外的方位格局。形势法相对于理气法来说，更为宏观一些，因为它服务的单元并不仅仅局限于某个人，而是一个家庭甚至一个城市；理气法则具体到某个人或者某个家庭。但无论是哪种方法，其目的不变，那就是趋吉避凶。达到这个目的的手段，就是各种风水术的具体操作之法。

　　实际上，不论是峦头形势派也好，理气派也好，都认为峦头形势是风水之体，理气则是风水之用。所谓的"形势派"并非不理气，风水理气的专著《天玉经》就是"形势派"的祖师杨筠松所著。被称为"理气派"的

玄空祖师蒋大鸿也极力主张形势为重中之重，理气尚在其次。

所以，所谓的形势派和理气派的划分并没有什么实际的意义。

理气派的理论基础最多，所以其分支派也最多。在理气的方法上，又大致可分成两个大的流派：以天干地支、阴阳五行为理论根据的理气风水学派，简称为"三合派"；以八卦阴阳五行为理论根据的风水学派，简称八卦派。它们的下面又各统诸多分支。

三合派的创始人是杨筠松祖师，杨筠松、曾文、廖禹、赖布衣被誉为赣南风水术的四大祖师。"三合"是指十二地支的三合局，即申子辰三合水局，寅午戌三合火局，巳酉丑三合金局，亥卯未三合木局。地支三合理论是杨公风水术消砂纳水的主要理论根据。

三合派的主要支派有：

杨公古法风水术：它承继了晋代郭璞"葬乘生气"的理论精髓，对形势峦头特别重视，讲究"三年寻龙，十年点穴"的功夫。注重地支之气，重视龙水的阴阳交媾，以七十二龙为中心，以父母三般卦（即坎离震兑四大局）为重点。主张龙、水、向"三合"，即龙合水，水合向，向合龙，要求龙、水、向三联珠。并强调龙和水必须来自生旺之方，水务必流归墓库。

杨公新派风水术：在杨公古法术的基础上改良创导的三合学派，典型代表为宋代的赖布衣。赖布衣在杨公天、地二盘的基础上，引入二十八宿天星五行，增设了人盘专用于消砂。中国的风水罗盘从此天地人"三才"皆备。地盘（挨星）格龙、立向，人盘消砂出煞，天盘双山纳水，各得其所。在立向方法上主张舍刀就禄，《催官篇》即其代表作。

正五行三合风水术：由明代的徐善继、徐世颜所创导。二徐在理气上也是用金、木、水、火四大局。在确定龙的阴阳上，徐善继主张按龙是左旋还是右旋来确定龙的阴阳。徐世颜则主张以入首龙的透地与坐山穿山论生克以定龙之生旺休囚死，立向以水口为主，与坐山论生克。

以向配水的三合风水术：代表人物是明代的王彻莹和清代的叶九升、赵九峰，以王彻莹的《地理直指原真》、赵九峰的《地理五诀》、叶九升的《地理指南》《罗经拨雾集》为代表作。主张"千里江山一向间"、"万水俱从天上去"，主张从向上起长生，以向配水，而把龙降到了次要的地位。现在世上广为流传的二十四山水法就是该派的方法。如《地理直指原真》例言中所说："立向之道，以水为凭。收水之方，以向为据。""五行实无系于龙家，祸福须明于水路"。

命理风水术：主张因人而异，按照主人的命局对阴阳五行的需求来选择和调整风水，民国期间才开始萌现。命理风水术的这种观点不但新颖，而且也有一定的道理。

八卦派风水术的主要支派有：

八宅派：分别男女将人的年命和阳宅分成东、西两组，叫东四宅、西四宅。主张东西二宅不能相混，东四宅命人宜住东四宅，西四宅命人宜住西四宅。八宅派在唐代被杨公否定，宋代以后又有人将其重新包装上市，得以重新流传。以伏位、生气、五鬼、延年、六煞、祸害、天医、绝命论吉凶，伏位、生气、延年、天医为吉，五鬼、六煞、祸害、绝命为凶。

纳甲派：也叫净阴净阳水法。乾纳甲，坤纳乙，艮纳丙，巽纳辛，离纳壬、寅、午、戌，坎纳子、癸、申、辰，震纳庚、亥、卯、未，兑纳丁、巳、酉、丑。向上卦为辅弼，从中爻变起，依次为武曲、破军、廉贞、贪狼、巨门、禄存、文曲。辅弼、巨门、武曲、贪狼为吉水，破军、文曲、廉贞、禄存为凶水。该派以宋代的静道和尚为代表，代表作是南昌的万树华根据静道和尚的口述整理的《入地眼全书》。

三元派：有龙门八法（又名"乾坤国宝"）、玄空飞星及玄空八卦三个大的流派，每个流派下面又分很多个派别，大小流派不下百十家。

此外还有奇门风水、河洛风水、大三元易理派、金锁玉关等支派，不一而足。

六、风水的基本术数

风水讲究气，而气来自自然界里的山山水水和山水之间的组合。所以，要寻得风水宝地，是要从山川入手的。所以这里，我们需要掌握寻找风水宝地的一些基本的术数。

1. 觅龙

《周易阴阳宅》曰："龙者何？山脉也。山脉何以龙为？盖因龙妖娇活泼……而山脉亦然……"这即是说，由于山脉在形态上与龙相似，所以风水学把山脉比喻为龙，把山脉的延绵走向称做"龙脉"。所以，在风水学上，龙是指蜿蜒而至的山峦，通常为气脉流贯的山体。

风水学认为，环山抱水之地，是最理想的风水宝地。山为骨肉、水为血液，山为虎、水为龙，龙虎可以镇邪；山为武，水为文，文武双全。山为靠，水为通，房有靠山而安稳，有水可通达四面八方，人居之，主富贵荣华。

风水学把大地看做一个有机体，认为大地各部分之间是通过类似于人体的经络、穴位相贯通的，"气"则沿着经络而运行，并聚集于穴位。《葬书》认为，大地中的生气沿着山脉的走向流动，在流动过程中随着地形的高低而变化，遇到丘陵和山冈则高起，遇到洼地则下降。吉地则是生气出

露于地表，并被藏蓄起来的地方。成语里有"来龙去脉"的说法，就是从风水学上的龙的概念引申而来的。可见，"龙"是有走向的，"气"依附于"龙"，走向和"龙脉"一致。

因此，要寻找到真正的风水宝地，就要考察山脉的走向、形态、结构等，这个过程被称为"觅龙"。风水学中有"寻龙捉脉""寻龙望势"的说法，都是指觅龙的过程。要知道，到了平原，没有山体的地方，也是有"龙"的。此时的"龙"已经转入地下，其标志虽然不如山地龙脉那么明显，但仍然有迹可寻，那就是微地形和水流："高一寸为山，低一寸

41

为水。"依此法则，在平地上也可以找出真龙来。

"龙"也分吉凶，吉龙为光肥圆润、尖利秀美、势雄力足、雄伟磅礴的山脉，这样的龙称为"真龙"，能够迎气生气。凶龙为崩石破碎、歪斜臃肿、势弱力寡、枝脚瘦小、树木不生的山脉，这样的龙称为"老龙""死龙"，迎接到的气也是不好的凶气。所以，真正的觅龙，就是要找到有生气的真龙。

2. 察砂

风水中最理想的风水宝地就是处在龙脉的"结穴"之处，后面有稳固的靠山，两旁和前面还要有一些小山拥簇和护卫。而这些被称为"龙"的大山体前旁的小山丘，就称为"砂"。

"砂"是由"龙"的石头风化而成的，因此是"龙"的附生物。风水学认为，仅有"龙"还不能成为吉祥之地，"龙"的周围还需要各种"砂"来拱卫和呼应，如果没有"砂"，"龙"就很难聚纳生气。所以，在考察吉祥地点的时候，除了注意"觅龙"外，还要注意察看环绕四周的群山，这就是所谓的"察砂"。

理想的吉祥地，周围要有所谓"四神砂"——它们是位于吉祥地左右前后四个方向的小山：青龙（位于吉祥地之左）、白虎（位于吉祥地之右）、朱雀（位于吉祥地之前的案山和朝山）、玄武（位于吉祥地之后、主山下的较小的山）。

3. 观水

风水风水，有风（气）还要有水，有水也还要有风，二者密不可分。风水学认为，"龙"能生气，"砂"能聚气藏气，这些都已为"气"的生成和聚集提供了必要的条件。但如果没有水，则依然算不上宝地。所以，选择风水宝地除了觅龙、察砂以外，还要注意观水。所谓的观水，就是注意察看水的来势、去势和吉凶，指导人们找到最佳的风水宝地。风水学认

为，吉祥地周围的"水"应该与"龙"和"砂"一起，对该地点造成重叠、关拦、内敛、向心的围合态势。

观水时要特别注意所谓的"水口"，即两条以上河流汇合之点。从水的流向与吉祥地的关系中可以区分来水的水口"天门"与去水的水口"地户"。相中的地形中，水口越多，水流在水口之内越是缠护周密，也就越吉祥。

4. 点穴

吉祥地往往是一块区域，而"穴"则是这块区域中最吉祥的那个点，是山脉停驻、生气聚结的地方，也是气随着龙而来所聚集的点。风水学认为，生气就是在这里从地下冒出来的。"点穴"就是指在综合考虑了山水状况之后，准确地找到最佳风水宝地。

我们经常提到"龙真穴的"这个风水学上常用的词，所谓的"穴的"，是说点穴要准确。由此可见，点穴在风水勘察中的重要性。

提到"穴"，我们可能首先会想到"墓穴"，其实古人最早是"穴居野处"，"穴"不仅指死人下葬的场地，也指活人安居的地方。

"穴"被点中之后，将成为建筑群落中核心建筑的基址，如城镇主街道的十字交叉处、都城的朝殿、州郡的公厅、宅舍的中堂等。

5. 取向

取向就是选择方向、朝向，一般指建筑的朝向，这是建筑规划中的一个重要参数。

在风水学发展的早期，建筑物的朝向多与自然因素有关，如采光、背风、排水等。但是随着人类社会的发展，"取向"的过程渐渐复杂起来，引入了建筑与人五行相生相克的原则，并逐渐变成了将八卦、五行、干支等因素综合起来的推算，这种推算进一步演变，就形成了一套独立的风水体系：理气宗。

以某一栋建筑单体来说，日照和通风是必须满足的，满足了则为吉，反之则为凶。我国位于北半球，从通风、日照等方面考虑，负阴抱阳，也就是面南背北为最好的朝向。

这五大术数，就是风水学上寻找最佳风水宝地的五个步骤。风水学上有所谓的"地理五诀"就是这五大术数的具体体现。所谓的"地理五诀"

是："龙要真、穴要的、砂要秀、水要抱、向要吉。"

"龙要真"是说这里的山要与远处之山脉相连，这才为真龙；"穴要的"，即是说所选的"基址"要准确；"砂要秀"是说，左右的小山包要灵秀，古称"地灵方得人杰"；"水要抱"是说，水要曲折环抱，不可直下无收；"向要吉"是说基址的朝向要向着有生气的地方。

确实，如果全都具备了这些条件，那么这个吉祥地必定是一个景色怡人的山间盆地。站在最佳风水点上，人们应该能得到最丰富的心理感受。

七、风水的科学印证

　　风水学是中华民族文化的结晶，它已经成为一种传统文化，一种广泛流传的民俗。但很多人不了解风水学，只是觉得风水学很神奇玄妙。确实，风水学不是实验科学，它所论述的东西很多都是哲学上的概念。正因为如此，在风水传播及应用的过程中，由于认知的差别，便产生了多解性。于是，一些江湖术士便充斥其中，把这种堪天舆地、与大自然和谐的方法，表述得玄之又玄，借以混世。所以，风水术如同易学、卜筮类一样，自古就是鱼龙混杂，真假难辨，很多时候被人贬为迷信，被斥为封建的糟粕。其实，风水学里也包含着很多科学的内涵，我们的先人在朦胧中无意地运用了这些科学的道理。

　　风水的核心是"气"。选择风水，实际上就是选择适宜的气场。从现代科学的角度来看，"气"实际上就是由超微粒子、电磁波等所构成一种特殊的场，包括物理场、生物场等。因此，风水学理论与现代科学之间自然地发生着一种密切的联系。宇宙万物，都会在其周围产生一个包围着它的场，通过场对外界产生影响和作用。人体自身就是宇宙全息生物学中的组成部分，人体本身就是一个"小宇宙"。中医讲究理气通脉，活血化瘀，认为针灸法可以打通人体内气淤滞塞之处。这都是与人体内的"气"有关。

　　地球上的各种地貌形态，包括各种人工建筑物和它们的组合形状，都会对来自宇宙的微波辐射能量产生某种接纳或反射的效果，因而产生各种各样的气场。比如说，我们所居住的地球，就是一个大磁场，它有方向性，而且还不断地变化，这个强大的磁场的磁向及方位，对人类及其住宅会产生巨大的影响力。例如，北半球的人如果头朝北睡，就会有一种安定舒适的感觉，会睡得更安稳；而南半球的人睡觉时则以头朝南为最佳。

从地球物理学的观点看，地球是由多种元素组合而成的，这些元素会产生不同方向与强度的热力场、磁场、重力场，某些元素还会有各种放射性，加之地表的山川、河流、植物、动物、微生物等，它们本身也会产生各种各样的场，还会对别的物质的场产生影响。所以，这些元素、物质以及它们的场的信息每时每刻都会对周围物体产生各种有形或无形、有益或有害的作用力。当然也会对地球上最高级的生命体——人类产生各种各样或有益或有害的影响。例如某个地方的放射性物质含量高一些，就会对长期居住于此的人产生不好的影响，甚至可能导致变异。有的地方由于地质构造异常亦会对人和动植物的生长产生不良影响，比如，科学研究已经揭示出：生长在断裂带的动植物较容易发生病变。

现代水文地质学告诉我们，地球上的山川河流、自然地貌，各有自己的地下水脉形态，而不同地区的地下水，其化学元素的含量及变化趋势又各不相同，这些地下水的形态和水中元素的形态会对人体产生不同的影响。例如：地下水位高低直接影响着人们的居住环境，而水中含有的铁、锌、有机蛋白等，对人体是有益的，而镭、氡、锶等放射性元素，对人体与智力发展是有害。很多地方性疾病，就与当地水文地质条件密切相关。也许创立风水学的先哲们并不懂得这些，但通过长期的观测、感应，他们也可以凭直觉进行测算和判断，确定出某个区域或点位是否有利于人的生活、健康和发展。其实，其中许多规律和原理与现代地球物理学是相通的。

传统风水学中的觅龙、察砂、看水，实际上与现代地质地理学、水文地质学中的有关山脉、岩层、水流、水质的观察和化验，有异曲同工之妙。而传统风水学中，很多时候还要求闻尝土和水的气味，从中判断风水的好坏，如水味甘甜应是吉地，而水味苦涩则是不吉之地等。这其中的许多道理也是与现代水文地质学相通的。

人类是地球的主宰,万物的灵长。人类不仅会发出不同的场去影响它物,更每时每刻都受到地球和宇宙大自然中各种因素和信息、能量的正反影响。只有这种双向的信息与能量的传播和交换达成和谐共振的效应,人类才能更好地生存与发展。

传统风水学认为:每个人的生命个体具有各自不同的"命格"。用现代人体信息学的话来阐释就是:每个个体,具有各自不同的生命信息、能量及其不同的组合机制。这些不同的"命格"或曰不同的生命信息能量状态与所处不同点位和不同的自然能量信息相对接、相交换,就会产生不同的正负效应。

而风水学之所以能得到复兴,很大程度上是因为它在某些方面能满足人们的某些心理。比如说,风水对建筑基址的选择,实际上是追求一种在生理上和心理上都能满足的地形条件,对居处布置形态的处理,包括自然环境的利用与改造,房屋的朝向、位置、高低、大小、出入口、道路、供水、排水等因素的安排,同样也是如此。选择好的风水,人们置身于其中,生活、生产、工作均有方便、舒适、安全之感。美丽而富于特色的环境景观,还会使人们的心灵受到感染与鼓舞,使人们充满乐观向上的情绪与崇高的理想。以此为精神动力,促进事业的成功并带来光明的前途,这与现代的环境科学也是相通的。从这个意义上说,风水自有其科学的成分。

通常认为,在没有任何实体的遮蔽时,人的心理会处于一种自我紧张的状态,如同与陌生人靠近会有不自然的恐惧感。而风水所主张的"山环水抱"之地势则有一种稳定性、安全感。这就是风水所起的作用的本质。因此,风水学实际上也是一种心理学——环境心理学,说是选择风水,不如说是给自己以某种形式的心理安慰。

有人这样说,风水学在不自觉之中,将天文学、地理学、环境学、建筑学、规划学、园林学、心理学、预测学、人体学、生态学、美学集于一体,使自己成为了一门综汇性极高的学科。这话可能评价得有些过高了,但也是有一定的道理的。所以,不能一概而论地把风水当成迷信或垃圾的东西，实际上，它有很丰富的内涵，值得我们去学习、探讨、研究，把家园建设得更美好。

　　著名的中国科学史学家、英国的李约瑟博士对风水术给予了客观公正的评价，他说："风水在很多方面都给中国人带来了好处。比如，它要求植竹种树防风，以及强调住所附近的流水的价值。但另外一些方面，它又发展成为一种粗鄙的迷信体系。"

　　所以，我们应该以二分法的态度去看待风水，批判地接受之，弃其糟粕，用其科学、合理之成分。全盘否定或全盘接受风水的理论和方法都是不可取的。

第二章
旺铺选址风水细观

古之风水，以龙山为吉地，以山的气脉集结处为龙穴。风水学将蜿蜒曲折的山称为龙脉，或称山龙；龙在地面上蜿蜒奔跑，由此推断地下的"生气"也势必随其蜿蜒地流动。从主山蜿蜒而来的山梁为"来龙"，从佳地蜿蜒而去的山的余脉为"去脉"。成语"来龙去脉"就是从风水术中来的，其意是说从山势走向去判断风水的好坏，从而找到最佳的风水宝地。

一、观砂的形貌选旺铺

风水选择有五大术数：觅龙、察砂、观水、取向、点穴，这主要是从地形上探寻风水佳地。虽然说风水的核心是气，但气是依附于地形而存在的。所以，要寻找到最佳的风水宝地，首先要从地形上下工夫。

地形主要是由山、水、砂的形貌体现出来的。

古之风水，以龙山为吉地，以山的气脉集结处为龙穴。风水学将蜿蜒曲折的山称为龙脉，或称山龙；龙在地面上蜿蜒奔跑，由此推断地下的"生气"也势必随其蜿蜒地流动。从主山蜿蜒而来的山梁为"来龙"，从佳地蜿蜒而去的山的余脉为"去脉"。成语"来龙去脉"就是从风水术中来的，其意是说从山势走向去判断风水的好坏，从而找到最佳的风水宝地。寻龙的目的是点穴，点穴必须先寻龙。

但要明白的是，"风水"上的风不是我们平常所说的风——大自然中空气的流动，它包含的是运动之势的意思；水也不是光指我们平常生活中所说的水，它包含了更广泛、更深刻的内容，最主要的是包含着趋向于静止的意思。风水学把奔腾逶迤的山脉（地表褶皱）定义为"龙"，龙行必然呼啸而生"风"（动态之势）；龙止必有界水（静止之象）为证。所以，"风水"的本意是指龙的行、止。龙有行有止，行止有度才有生气，才有穴或垣局可寻；龙行无止（过龙）或有止无行（死龙）则没有生气，也就必然无穴可寻。凡龙行止有度的地方就有"好风水"，而龙行止失度的地

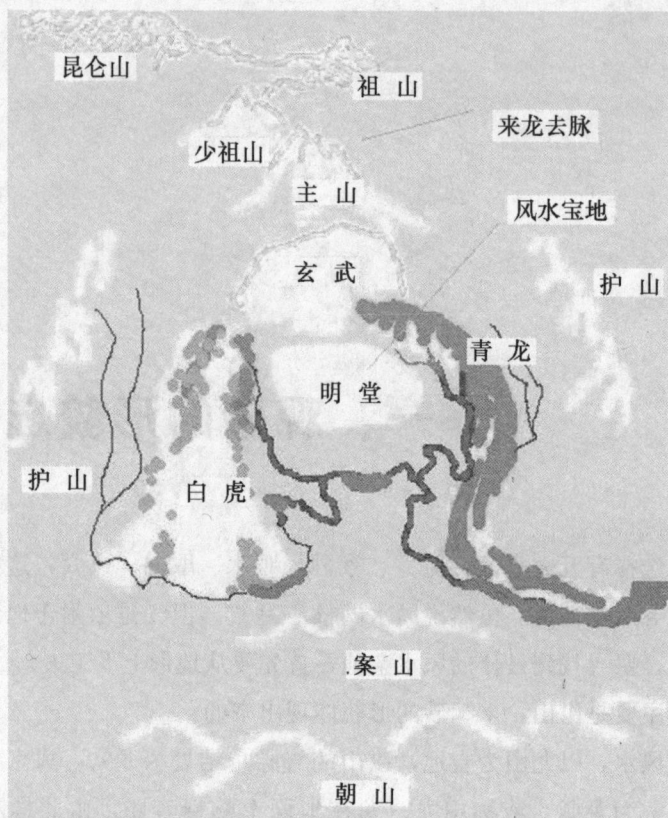

方风水也必然不好。

　　城市里到处都是人工建筑，城市建筑已经完全淹没了自然的地形地貌，使之变得不显山露水了。这又如何从形势上去寻找到风水好的地方呢？

　　其实，所谓的形，在纯粹意义的风水学上是指山、砂的形貌。但风水术也认为：高一寸为山，低一寸为水。所谓的龙，也就是形似。所以，延伸出去，凡高低起伏、错落有致的人工建筑也可以称为龙。在这个意义上，所谓的形，就是城市的建筑。古风水书《阳宅集》中有诗云："万瓦鳞鳞市井中，高连屋脊是来龙，虽曰旱龙天上至，还须滴水界真踪。"此即把密集相连的万家屋脊看做蜿蜒起伏的龙脉。《阳宅会心集》也说"一层街衢一层水"。从这些风水古籍中可以看出，人们在古代就已经知道将城市的建筑视为"山"，而把城市中的街道视为"水"。

实际上，风水学上的龙脉，由其形与势组成。风水学认为，百尺为形，千尺为势，形是近观，势是远景。形是势之崇，势是形之积。有势然后有形，有形然后知势，势位于外，形在于内。势是起伏的群峰，形是单座的山头。势如城郭墙垣，形似楼台门第。这也说明，城市建筑也可以构成龙形。

风水学讲究"藏风聚气"，城市的房屋建筑在形上既已有山龙的特性，作用上确实也能起到类似山峦的"藏风聚气"之作用，尤其是那些高大楼房建筑；而车水马龙的街道也有"导气"和"界气"之功能，因此城市的街道自然起着类似"水"的作用。所以，城市的楼房建筑也有山峦一样的形状，街道有水一样的特征，它们也就有了山、水的内涵，起着类似的作用。明白了这个道理，城市住宅、商铺风水环境的选择也就不难把握了。

从城市的建筑风貌看商铺的风水，其基本方法也与从自然地貌看风水一样，主要是寻龙、察砂、定向。

例如，风水学讲究"曲则有情"，城市建筑则畏忌街道直冲；风水学讲究"山水环抱"，城市建筑则畏忌风口安居和街道反弓；风水学讲究"山谷勿居"，市住宅则畏忌"天斩煞"（两幢高大建筑之间的一条狭窄空隙）；如此等等。

那么我们如何从城市建筑风貌判断商铺的风水呢？

1. 旺铺选址要靠实

风水讲究来龙、坐实、左右砂山，三面环山围护才能聚气，而前面开缺之处又有案山、朝山，可防气场直冲直泄。

对商铺来说，所谓的靠山、护山和朝山就是看前后左右有没有人居住、有无工作的楼宇或者民居。有人居住或工作的地方就是有山，属于坐实；没人居住或工作的地方，就是无靠山。商铺后方，若有一座楼宇是较本身高大广阔的，便属于坐后有靠，即有坐实之格局；商铺后方，若有几座楼宇高度与本身大厦相同，但因为几座楼宇群集在一起，力量亦汇集起

来，足够支撑本大厦，亦属于坐后有靠之格局；商铺后方，虽没有高楼大厦，但却有一大片居民楼，自然也属于有坚强的靠山。

因此说，靠山是商铺选址的因素，只有有靠山的商铺生意才会平平稳稳、财源广进。

2. 旺铺选址要坐平

风水上的理想的佳地是玄武砂下的一块平实之地，龙脉蜿蜒至此突降下来，形成一个能藏风聚气的窝。它前后左右都可以有山，但这一块地一定要是平实的。经云："室大则多阴，台高则多阳，多阴则蹶，多阳则接，此阴阳不适之患也。"阴阳不适，就是不符合风水的规范。

商铺选址也有如此的讲究，作为商铺的屋宇一定要建在平实的街道上，最好不要有上坡或向上多级的台阶，否则，就会形成一定的势阻，让气聚集不起来。这也是有其科学的道理的。物理学上有所谓的势，它有一定的高度，只有力或能量大到高过这个势时，才可以越过这个势。所以，如果商铺不是建在平地上，而是建在坡地或台阶上，势必会大大地阻断人气，气不能聚集，就会大大地影响到其风水。试想一下，如果商店前有高高的台阶，有几个人愿意去逛这样的店呢？

需要注意的是，店铺前的街道也不能高过店面地面，否则也会犯煞。

风水学上有所谓的"旺门地高"格——旺门门外有水，本主大吉，但如果门基反高于屋基者，虽有旺水不能吸收，门基高于门内之明堂者亦然。

3. 旺铺左右要有拥护

最理想的商铺风水就是其左右方都有楼宇，而且旁边的楼宇最好要矮过商铺所在的楼宇，从而形成风水学上的左青龙右白虎的左弼右辅之势。

商铺上的左拥右护实质上说的是：商铺左右两边最好也要有商铺，这样，人气才能生旺。如果突兀地在路旁开一家商店，两

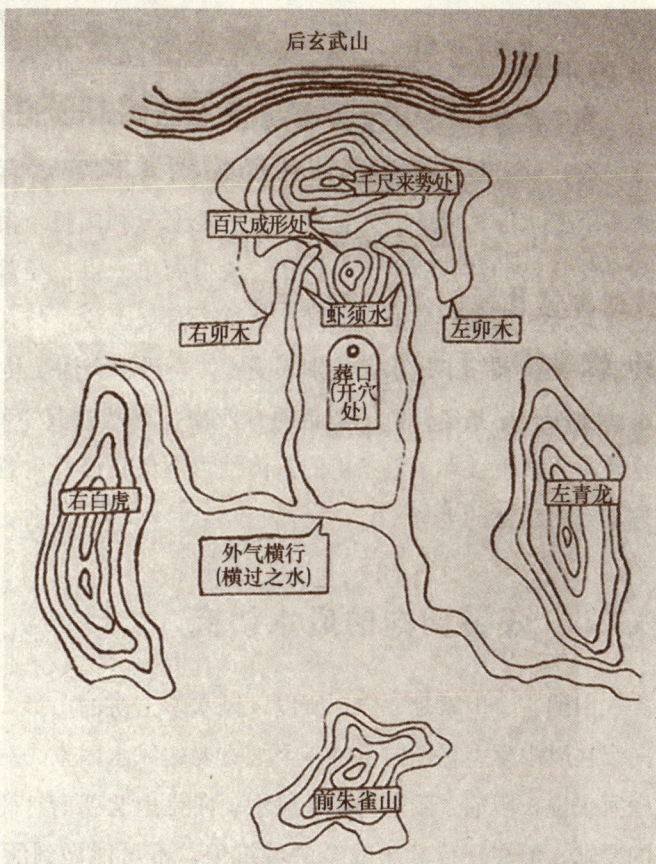

后玄武山
千尺来势处
百尺成形处
虾须水
右卯木
左卯木
葬口（开穴处）
右白虎
左青龙
外气横行（横过之水）
前朱雀山

边走很远都没有其他的店铺，就是没有左拥右护。从风水学上说，一条街有其流动的、连续的气脉（也许不是商业的气息），但突兀地开一个商铺，不仅不能聚来商气，也会把它本身的气息连贯性破坏殆尽。所以，独店总体来说商业风水是很差的。

4. 旺铺选址要讲究龙脉的延续性

风水学讲究来龙去脉的延续性，商铺的风水同样也有这样的讲究，它主要是指城市街道建筑的延续性和统一性。

龙脉的延续性也指经营产品的延续性和统一性。经商讲究成行成市，就是这个道理。成行，意味着气的聚集，气聚集到一定的程度就形成一定的势，这样会促进经营的发展，这就是俗语所说的"成势才成市"的道理所在。所以，人们喜欢扎堆经商，这样那样的专业街就出现了。

如果在专业街里，突然有一家店铺经营的产品与其他商铺完全不同，很另类，就破坏了市场的延续性和统一性。不是说经营别的产品就一定维持不下去，但这样的突兀，没有很好地充分利用整条街业已形成的势，必然会使自己的经营效果大打折扣。说得简单一点：经营另类的产品很可能没有经营同类的产品的利润高。从这个意义上说，与其他商铺格格不入的商铺，不仅破坏了风水，使别人受害，自己也会深受其害的。

比如，一条经营电子产品的专业街，突然在其中间开了一家小吃店，这家小吃店就破坏了整条街的整体性，不仅自己的生意不好做，而且还会连累旁边店铺的生意。

5. 旺铺朝向的风水讲究

山的一个因素是方向，所以，风水学上讲的山形，广义上还包含其朝向。在风水学上，朝向也是一个很重要的风水因素。对中国这样的北半球国家来说，阳宅、阴宅的最佳风水朝向是坐北朝南。商铺自然也会有这样的要求。但在现代寸土寸金的城市里，不可能做到所有的店铺都坐北朝南。实际上，在城市里，南北取向对商铺来说已经不是很重要了，反而是东西向，对商铺的风水有更大的影响。为什么呢？这主要是受阳光的影响。一般来说，太阳辐射强度以东、西向为最大，南向次之，北向最小，避免东晒、西晒已为人们所注重。特别是在南方，一年中大部分时间都很炎热，西晒是一个很严重的问题。同一条街上，由于东边的商铺在下午时受到太阳的烤晒，人一般都较少走这边，而多选择走在有阴凉的西边。久而久之，就使西边的人气多一些，商铺就会旺一些。

6. 街角旺铺的风水分析

很多经营者认为，街角是做生意的好地方，但如果不注意门的讲究，也不会有好的生意。风水学认为，基址不宜选在山顶、山脊、山角（隘口）的地方，这些地方风速往往很大，形成急流，流线密集。在城市里，街角就是这样的隘口。在街角开店，最好不要对着街角直接开门，而要开在侧边，这样既纳了人流密集所带来的气，又避开了直冲而来的急风。特别是像食品店这样的店铺，更不宜对着街角直接开门。

　　一般来说，如果选择在街角开店，而店铺的规模又很小，最好选择向旁边开门，以避开冲来的煞气。但也不能一概而论，要根据具体情况分析。如果街角较宽阔，假如前方有一片较宽的绿茵，或平地、水池、停车场等，即是有较宽的明堂，这样就可以对直冲来的外气起到缓冲的作用。在这种情况下，就可以直接对街角开门，这就叫开朱雀门。如果不是这种情况，最好还是开在侧边为好，这叫开青龙门或开白虎门。

二、看水的形态选旺铺

　　风水术上所说的水，指的是一切流动的水和静止的水体，包括河流、渠道、水沟、湖泊、池塘、大海。水是地球上生命体赖以生存的基本物质之一。山体、土壤如果没有水的参与，就没有生气。植物和动物也就不可能在其中生存、生活和繁衍生息。可以说，没有水，就不会有生命。风水书上说"登山看水口，入穴看明堂"，又曰"风水之法，得水为上，藏风次之"。可见，水对风水是非常重要的。"山管人丁水管财"，水对于商铺来说，其风水意义更是重大。

　　风水环境选择的五大术数中，龙、砂、向、穴与山有关，另一项就是说水了。然而，如今我们居住的城市中，大多没有真山（龙）真水，那么城市住宅的"水"该如何论呢？

　　风水学上所说的"水"不仅仅是指我们平常所说的水，也指广泛意义上的能带来人气或气流的河流状的景观。风水术认为：高一寸为山，低一寸为水。凡具有流动、向下、在低处静止的性质的城市建筑，都可以水论之。城市的道路等公共设施，低于其他的城市建筑，所以自然也可以称为"水"。

　　风水术上水的种类很多，风水意义上的水主要是看其吉凶。吉水有九曲水、御街水、金城水、横抱水、板仓水、烫胸水（即水缠玄武）等；凶水有射胁水、淋头水、反弓水、裹头水（割脚水）、冲心水、斜撇水、漏槽水、刑杀水等。

　　水有所谓的"有情水"和"无情水"之分。凡是流来之水蜿蜒屈曲、横流之水有环抱之势、流去之水盘桓欲留、会聚之水安静清澈者，皆为"有情水"；而斜流水、急水、反弓水、直去水等都为"无情水"。所以，曲水抱城、前抱水属于有情水，而反弓水、直流水属于无情水。

　　判断一条马路商铺风水的好坏，着眼点就是看它"有情"还是"无情"。风水学推崇弯曲蜿蜒，认为"曲则有情"，所以，山龙、水龙只有弯曲蜿蜒处才能聚气，才会有生气。平坦而蜿蜒屈曲的道路，自然是有情水。若是直路，就要根据实际情况来判断它是否有情。如果路很宽很直，车流很快，没有聚气的地方，就成了无情水，商铺一般不宜选在这样的大马路上。如果路虽然直宽，但有很多交叉路口，就相当于水有回旋之处，能聚气，故也有可能是有情水。

　　风水学上有一种很不好的无情水——割脚水，说的是水流离宅地太近。城市里也存在这样的割脚水——店铺离马路太近。在这样的地方，人行道很窄，行人都脚步匆匆，也许路过的人很多，但真正想进店去看的人却不多。

　　风水学上说，气在水缓处会得到聚集，所以，一般的风水佳地都位于水弯、水缓、水停处。城市的街道是水，路弯处能聚气。有一种情况也能使城市的"水"变缓，那就是上坡路。一般来说，同一条街道，上坡的一边总比下坡的一边商业人气旺一些。从实际情况上说，上坡路段车流会变缓，行人行走的速度也变慢，这样就相对集中了很多人，人气就旺了。而在下坡路段，人、车都较急，气相对来说就难聚一些。

　　现代化的城市一般都有很多高架路或高架桥。商铺对着它们，在风水上是犯了凶水煞。高架桥（路）的作用是疏导交通，车流极快，在风水上就相当于一条急流而过的无情水，使气不能聚集，从而使财运阻滞。如果又位于高架路回转处之圆弧外缘，更如镰刀之拦腰切来，这样危害更大。从科学的角度看，位于高架路或天桥边的房屋，长期的噪声影响，加上地面震动，易造成人精神衰弱，对在此居住或经营的人造成很多方面的不利影响。

　　天桥是一种特别的道路，在风水学上，天桥属虚水，斜去而水走，是泄财象。如果商铺正对着天桥而且又刚好处在天桥的脚下，财气极差。因为，天桥虽然说也是水口，但水从旁边流去了，且都是从高处往下流，地户又不闭。特别是"八"字形的天桥，更从形上犯了极不利的"八字水"诀，水泻得凶，多少财气都不够泻。从实情上说，上上下下的人流都给这样的天桥导走了，很少有人从位于天桥底下的商铺前面经过，自然就很难做生意。

　　当然，如果商铺刚好在天桥口的位置上，就另当别论。因为天桥口便是水口位，可以接水，其财运会比一般位置的商铺要好。很多商厦或商铺都会向着天桥，或者直接将天桥接到二楼上，这样的商铺把水口接到自家门内，风水自然也很好。因为道路局部拓宽的关系，遗留下来的建筑物可能会造成半边路冲的情形，被路冲煞的这半边较为不利。风水学上这就是

所谓的断头煞，龙脉龙气在此断了。从现实的角度看，路过的人会取直线走过去，而不会顺着断头路走到尽头才进行直角转弯。路人都不近前，人气聚集不了，如何能生意兴隆呢？

　　水能生气，也能界气。所以，风水学上说："气界水而止"。同样地，城市里的路，对气的聚散也有很大的作用。很多商业街道，其商业气息往往因为一条横路而被腰斩成两半，一边很旺，而另一边却冷清很多。所以，在选择商铺时要慎重考虑。

三、辨气的聚散选旺铺

风水学讲究顺乘生气原则，认为气是万物的本源，万物都应顺乘生气，"有气"的地方才是"吉地"，所以，风水实践的最终目的就是寻找能够聚集或生发"气"的那个地点。不论是阴穴阳宅，都要求使自然景观或人工建筑能够聚气。但现代的很多城市建筑没有真正领会风水的内涵，不按照风水的原则进行建筑，使气难以聚集，建筑也变成了坏风水的恶砂凶水。风水学认为，房屋的大门为气口。如果有路有水环曲而至，即为得气，这样便于交流，可以得到信息，又可以反馈信息。如果把大门设在闭塞的一方，谓之不得气，不得气自然不利于经商了。

城市的房屋、街道一般都有它自身的延续性，形成城市建筑的龙脉。如果某一段的建筑与两边的风格有很大的差异，就会造成龙脉的中断。龙脉的中断具体来说就是聚气环境的破坏。比如说，如果某一处的建筑凹陷进去，就会造成气脉的中断，位于此处的商铺很难聚气，就没有好风水。

如果某家店铺突然凸出很多，占了人行道很大一部分，从风水学上说，这样的店铺就破坏了龙脉连续性和统一性，也扰乱了人气流。从物理常识上看，一根管道突然从粗变细时，细的那一段水的流速会变大很多。而这样的地方就像水管突然变细的那一段，路人在经过它前面时，总会自觉或不自觉地走快一些。所以，这样的地方虽然"水"多，但流急，是无情水；人气虽旺，但它的流动速度很大，没有停顿下来的趋势，因此并不

65

能为店铺所纳，故其风水并不好。

风水学上说，穴地要选在平实的地点上，与其前面的明堂最好处在同样的高度上，这样，龙势才有停顿，气才能聚集。如果选在高地上，说明龙势还在游走之中，气不能聚，自然就不是要选的穴。前面我们已经讲过街道上出现大台阶而影响商铺风水的情形，那是因地势起伏的原因而不得不那样。而有些店铺，并不是因为地势的原因，也在前面修建一个大台阶，这就无谓地增加了人气的势阻，使人气不能聚集到店铺上，影响店铺的风水。

风水学上讲"登堂看水口，入室看明堂"。明堂对任何建筑来说都是非常重要的。同时又强调，理想佳地的前面还要有朝山和案山，这样才有利于聚气。对城市商铺来说，所谓的山就是人脉或人气。所以，商铺的前面一定要开阔平实，不得有什么遮阻，这样才能聚集人气。有些商店前面可能会建一些花基之类的东西，从风水上说这其实是很不可取的。不管是什么样的花基，它都从总体上破坏了商铺前面明堂的完整性，扰乱或分流了人气。有些花基修建后没有进行认真的护理，致使花木枯败，成了店前的恶砂，更破坏了其商业风水。

风水学上强调：天门开，地户闭，这样的地方才利于纳气和聚气。对城市的大楼来说，楼梯、电梯这样的设施也是水口，而从功能上说，这些设施主要是起导流的作用，所以，它更像是水体的地户。楼梯或电梯开得不好，可能会造成地户大开，影响商铺的风水。而店门正对着电梯或楼梯，也是犯冲。本来商铺是聚气生财之所，如今电梯、楼梯直对，店铺商铺之生气则被其尽数吸去，可谓大忌。补救之法则是进门处要宽阔并悬挂古铜钱等吉祥品。

对一栋商业大楼来说，其正对外街的大门无疑就是其天门，而其内部的楼梯或电梯就是地户。所以，如果楼梯或电梯开在入大门即可看到的地方，无疑就是地户大开，不利于大门旁的商铺。实际上，按照风水学的说法，将上楼的梯口正对着大门，就会在大门处增加了一个气口，形成了乱流，也不利于气的聚集，这样，对一楼的生意造成很多的冲击；而聚集在大门的煞气（噪声）也会直接顺着楼梯通道入二楼，对二楼的生意也有不好的影响。为了避免这种干扰，最好是将楼梯设置在侧面，梯口避开正门，由侧墙引阶而上。

如果因为建筑物自身的原因而一定要把楼梯口安排在入门处，也要对它作一定的处理。比如，把正对入口处的楼梯做成弯曲状，就使之有一定的缓冲，不那么直冲冲地扰乱入口处人气的聚集。有些店铺，只开在二楼，而用一条长长的楼梯将人流导引上去。这对聚气也不好，因为气总是要先拢再聚的，如果店铺只靠一条楼梯来拢人气，是达不到目的的。这样的直通通的一条楼梯，形成了高高的势阻，绝对不可能将人气拢过来再聚上去的。现在是商品的世界，很多时候一楼的商品都还看不过来呢，又有多少人会辛苦地爬上二楼去探一探呢？可取的办法应该是：怎么样都应该在一楼设一部分柜台，先把过路的行人吸引进来即把人气拢过来，然后再在适当的位置设楼梯将客人引导到二楼上去。

第三章

旺铺风水遵循的原则

商铺的风水选址，主要在于选择一个能保证商家精力旺盛、招引顾客、利于买卖、能让生意兴隆的好环境。选择经商的店址，民间俗称"选码头"。"码头"位置的好坏，与经营生意的好坏有很大关系。因此，商铺位置的选择对经商者来说十分重要。

一、商铺风水的八大原则

风水学经过一千多年的发展，特别是到了现代，吸收融汇了古今中外各门科学，包括地理学、星象学、景观学、建筑学、生态学、人体生命学、美学、伦理学以及宗教、民俗等方面的众多智慧，最终形成了内涵丰富、综合性和系统性很强的独特理论体系，这就是现代风水学。其宗旨是审慎周密地考察、了解自然环境，顺应自然，有节制地利用和改造自然，创造良好的居住与生存环境，赢得最佳的天时地利与人和，达到天人合一的至善境界。现代风水学不再是只讲封建迷信的风水，而是对传统风水学去伪存真，并加进了很多科学的成分。它也不仅局限于寻找所谓的风水宝地的一个单一的任务，而是发展成了一门实际上的建筑生态学，从很多方面为人们寻找到合适的居住、工作、生活的理想佳地提供有益的参考。

现代风水学在勘察、选址方面，也不再仅局限于过去的一些条条框框，而是充分地结合了一些现代科学的理念，所以，更显得科学和合理。总体上说，现代风水学在原来的基础之上，总结出了察地、选址的十大原则。

1. 以人为本原则

任何风水理论，都以服务于人为终极目标。这一点是我们依据风水理论来选择商铺、装修商铺和陈列商铺的时候，必须坚持的一个原则。这里所指的人应包括尽可能多的与建筑相关的人。我们很难想象一个风水对店主很好但不利于店员的商铺如何能够发展壮大起来。

商铺风水与一般建筑风水的区别，还在于其不仅服务于主人，也服务于顾客，且这一点，在某种程度上可以说更为重要。一个能让顾客觉得心情舒畅、宾至如归的商铺，是不可能不成功的。商铺与主人的关系当然也是非常重要的一个方面。主人的命理，是选择商铺地址、朝向、装修风格等的重要依据。

2. 整体系统原则

风水理论把环境作为一个整体系统，这个系统以人为中心，包括天地万物。环境中的每一个子系统都是相互联系、相互制约、相互依存、相互对立、相互转化的要素。风水学的功能就是要宏观地把握协调各系统之间的关系，优化结构，寻求最佳组合。所以，整体原则是风水学的总原则，它强调以整体原则处理人与环境的关系，这也是现代风水学的基本点。

风水学充分注意到环境的整体性。《黄帝宅经》主张"以形势为身体，以泉水为血脉，以土地为皮肤，以草木为毛发，以舍屋为衣服，以门户为冠带，若如斯，是事俨雅，乃为上吉"。清代姚延銮在《阳宅集成》卷《丹经口诀》中强调整体功能性，主张"阳宅须择地形，背山面水称人心，山骨来龙昂秀发，水须围抱作环形，明堂宽大斯为福，水口收藏积万金。关煞二方无障碍，光明正在旺门庭"。

在商铺风水中，整体原则可以在多个方面，如商业建筑与周边环境的整体关系、单个商铺与建筑整体的关系、商铺细节与商铺整体的关系等，总之，部分服从整体，这是风水学的总原则，也是商铺风水的总原则。这一原则应在商铺风水的各个环节中得到体现。

3. 因地制宜原则

因地制宜，就是从实际出发，根据环境的客观性，采取切实有效的方法，使人与建筑适宜于自然，回归于自然，返璞归真，天人合一，这正是风水学的真谛所在。先秦典籍提出"适形而止"。先秦时的姜太公倡导因地制宜，《史记·货殖列传》记载："太公望封于营丘，地潟卤，人民寡，于是太公劝其女功，极技巧，通鱼盐。"

中国地域辽阔，气候差异很大，土质也不一样，建筑形式亦不同。西北干旱少雨，人们就采取穴居式窑洞居住。窑洞位北朝南，施工简易，不占土地，节省材料，防火防寒，冬暖夏凉。西南潮湿多雨，虫兽很多，人们就建筑干阑式竹楼居住。湖北武当山是道教名胜，明成祖朱棣当初派30万人上山修庙，命令不许劈山改建，只许随地势高下砌造墙垣和宝殿。这就是因地制宜原则的具体体现。这一要求，不要拘泥于条条框框，要着眼于实际，能做到与实际环境相协调，就是好的结构建筑。

在商铺风水中，一般商业建筑都会对装修和商品陈列等有一定的规定，商铺周围也存在一定的大环境，这个时候，掌握因地制宜的原则，就非常有必要了。

4. 依山傍水原则

依山傍水原则是风水学最基本的原则之一。山体是大地的骨架，水是万物生机之源泉，没有水，人就不能生存。"山水者，阴阳之气也。动静之道，山水而已，合而言之，总名曰气；气分言之，曰龙、曰砂、曰穴、曰水。有龙无水则阴盛阳枯而无以资；有水无龙则阳盛阴衰而气无以生"。考古发现的原始部落几乎都在河边台地，这与当时的狩猎和捕捞、采摘经济相适应。

从景观学上看，依山傍水给人最适宜的感觉。细观这种地方，大多环境宜人、风调雨顺，予人以足够的安全感。在这样的地方居住，取水容

易，又有一定的地势优势，不容易蓄纳瘴气、秽物，风景又比较宜人。较之于平原上孤零零的小屋，山体还可倚为屏蔽。所以，依山傍水历来是风水家们首推的理想之地。

依山的形式有两类，一类是"土包屋"，即三面群山环绕，坳中有旷，南面敞开，房屋隐于万树丛中。湖南岳阳县渭乡张谷英村就处于这样的地形。五百里幕阜山余脉绵延至此，在东、北、西三方突起三座大峰，如三大花瓣拥成一朵莲花。明代宣德年间，张谷英来这里定居，五百年来发展为六百多户、三千多人的赫赫大族，全村格局对称，形式、装饰、色调都和谐统一，男女老幼尊卑有序，过着安宁祥和的生活。

依山的另一类是"屋包山"，即成片的房屋覆盖着山坡，从山脚一直到山腰。长江中上游沿岸码头小镇都是这样，背依山坡，拾级而上，气宇轩昂。有近百年历史的武汉大学建筑在青翠的珞珈山麓，设计师充分考虑到特定的风水，依山建房，学生宿舍贴着山坡，像环曲的城墙，有了个城门形的出入口。平台上以中孔城门为轴线，图书馆居中，教学楼分立于两侧，主从有序，严谨对称。学校得天然之势，有城堡之状，显示了高等学府的宏大气派。

5. 坐北朝南原则

中国处于地球北半球，欧亚大陆东部，大部分陆地位于北回归线（北纬 23 度 26 分）以北，一年四季的阳光都由南方射入，朝南的房屋便于采取阳光。阳光对人的好处很多：一是可以取暖，冬季时，南方比北方的温度高 1 至 2 度；二是参与人体维生素 D 的合成，小儿常晒太阳可预防佝偻病；三是阳光中的紫外线具有杀菌作用，尤其对经呼吸道传播的疾病有较强的灭菌作用；四是可以增强人体免疫机能。

坐北朝南，不仅是为了采光，还为了避风。中国的地势决定了其气候为季风型，冬天有西伯利亚的寒流，夏天有太平洋的凉风，一年四季风向变换不定。甲骨卜辞已有测风的记载。《史记·律书》云："不周风居西北，十月也。广莫风居北方，十一月也。条风居东北，正月也。明庶风居东方，二月也。"

风有阴风与阳风之别。清末何光廷在《地学指正》中云："平阳原不畏风，然有阴阳之别，向东向南所受者温风、暖风，谓之阳风，则无妨。向西向北所受者凉风、寒风，谓之阴风，宜有近案遮拦，否则风吹骨寒，主家道败衰丁稀。"这就是说要避免西北风。

作为经商性质使用的店铺，在进行经营活动时需要把门全部打开。如果店门是朝东西开，那么，在夏季，阳光就会从早晨到傍晚，通过店门照射到店内。夏季的阳光是火辣辣的，风水将此视为煞气。这一股煞气对商店的经营活动是不利的。煞气进入店内首先受到干扰的是店员。店员在烈日的暴晒之下，口干舌燥，很难保持良好的工作情绪。受到煞气干扰的，其次就是商品。商品在烈日的暴晒之下，十分容易变脆发黄，严重的会影响到商品的质量。如果商品存放不久即能卖掉，其影响还不大，倘若商品是久销不动，就非报废不可。结果是生意没做成，反要赔本。受到煞气干扰的，再次就是顾客。商店在烈日之下热气逼人，对顾客来说，不是迫不得已就不会登门。最后就是，没有顾客愿意在烈日暴晒之下选择商品。商店没有了顾客，煞气就显得更重。煞气变死气，此店就不行了。

如果店铺朝北方，冬季来临经营状况也会受到影响。不管是刮东北风，还是刮西北风，都会朝着门户大开的店铺里钻。风水也视寒气为一种煞气，寒气过重，对人对经商活动均有不利。

如果是迫不得已，商店非要选在朝东西方和西北方的地址不可，就要采取措施来制止住夏、冬两季带来的煞气。在夏季，可在店前撑遮阳伞、挂遮阳帘、搭遮阳篷等，以避免烈日的直接暴晒。在冬季，则需要给商店挂保暖门帘，在店内安装暖气设备，使店内温度回升，造就一个适宜正常的经营活动的环境。这种调谐寒暑的办法，风水学上就叫做"阴阳相克"或曰"五行相胜"。

商铺风水中，坐北朝南同样是一项非常重要的原则，尤其对于临街的商铺和独立的商业建筑，其朝向直接关系到日照和气温，又会关系到客流，我们必须对朝向给予足够的重视。

6. 顺乘生气原则

风水理论认为，气是万物的本源。太极即气，一气积而生两仪，一生三而五行具，土得之于气，水得之于气，人得之于气，气感而应，万物莫不得于气。

季节的变化，太阳出没的变化，使生气与方位发生变化。不同的月份，生气和死气的方向就不同。生气为吉、死气为凶。人应取其旺相，消纳控制。《黄帝宅经》认为，正月的生气在子癸方，二月在丑艮方，三月在寅甲方，四月在卯乙方，五月在辰巽方，六月在巳丙方，七月在午丁方，八月在未坤方，九月在申庚方，十月在酉辛方，十一月在戌乾方，十二月在亥壬方。

《管子·枢言》云："有气则生，无气则死，生则以其气。"宋代黄妙应在《博山篇》中说："气不和，山不植，不可扦；气未上，山走趋，浊可扦；气不爽，脉断续，不可扦；气不行，山垒石，不可扦。"这里的

"扦"就是点穴、确定地点。所以，风水理论提倡在有生气的地方修建城镇房屋，这就叫做乘生气。只有得到生气的滋润，植物才会欣欣向荣，人类才会健康长寿。房屋的大门为气口，如果有路有水曲而至，即为得气，这样便于交流，既可以得到信息，又可以反馈信息。如果把大门设在闭塞的一方，谓之不得气。只有顺乘生气，才能称得上贵格。

那么，怎样辨别生气呢？明代蒋平阶在《水龙经》中指出，识别生气的关键是望水。

> 秘傳水龍經叙
>
> 自鴻濛開闢以來山水爲乾坤二大神器竝雄之間一陰一陽一剛一柔一流一峙如天覆地載日旦月暮各司一職後世地理家罔識厥旨第知山之爲龍而不知水之爲龍即有高談水法者亦唯以山爲體以水爲用至比之兵之聽將婦之順夫於是山之名獨尊而水之權少絀遂使平陽水地皆棄置水龍之眞機而附會山龍之妄說舉世茫茫有如聾瞶此非楊曾以來未晰此義也古人不云乎行到平洋莫問龍只看水遶
>
> 水龍經一　叙　一

"气者，水之母，水者，气之子。气行财水随，而水止则气止，子母同情，水气相逐也。夫溢于地外而有迹者为水，行于地中而无形者为气。表里同用，此造化之妙用。故察地中之气趋东趋西，即其水或去或来而知之矣。行龙必水辅，气止必有水界"。这就讲清了水和气的关系。

对于商铺，生气可以理解为人气，聚集足够人气是一切商铺的核心，传统风水理论关于生气的论述，可成为商铺风水的指导原则。

7. 观形察势原则

清代的《阳宅十书》指出："人之居处宜以大山河为主，其来脉气最大，关系人祸最为切要。"风水学重视山形地势，把小环境放入大环境考察。

中国的地理形势，每隔8度左右就有一条大的纬向构造，如天山—阴山纬向构造，昆仑山—秦岭纬向构造。《考工记》云："天下之势，两山之间必有川矣，大川之上必有途矣。"《禹贡》把中国山脉划为四列九山。风水学把绵延的山脉称为龙脉。龙脉源于西北的昆仑山，向东南延伸出三条龙脉：北龙从阴山、贺兰山入山西，起太原，渡海而止，中龙由岷山入关中，至泰山入海；南龙由云贵、湖南至福建、浙江入海。每条大龙脉都有干龙、支龙、真龙、假龙、飞龙、潜龙、闪龙，勘测风水首先要搞清楚来龙去脉，顺应龙脉的走向。

在龙脉集结处有朝案之山为佳。朝案之山是类似于朝拱伏案之形的山，就像臣僚簇拥君主。朝案之山可以挡风并且很有趋屈之情。如《朱子语类》论北京的大环境云："冀都山脉从云发来，前则黄河环绕，泰山耸左为龙，华山耸右为虎，高为前案，淮南诸山为第二案，江南五岭为第三案，故古今建都之地莫过于冀，所谓无风以散之，有水以界之。"这是以北京城市为中心，以全国山脉为朝案，来说明北京地理环境之优势。

从大环境观察小环境，便可知道小环境受到的外界制约和影响，诸如水源、气候、物产、地质等。任何一块宅地表现出来的吉凶，都是由大环境所决定的，犹如中医切脉，从脉象之洪细弦虚、紧滑浮沉迟速，就可知道身体的一般状况，因为这是由心血管的机能状态所决定的。

在选择商铺时，观形察势是一项很重要的原则，但并不是说只有"形势完美"（内外环境优越）的商铺才值得考虑，而是说要正确认清形势，并找到正确的风水匹配方式，在可能的情况下求得最好。真正完美的东西即使存在可能也是非常稀有的，大多数情况下，都需要我们观形察势，并找到自己立足其间的最佳方案。

8. 改造风水原则

风水学理论认为，自然界有其普遍规律，即所谓的"天道"是也，它的存在与运作，乃"作为天之祖，为孕育之尊，顺之则亨，逆之则否"（《黄帝宅经》），而"山川自然之情，造化之妙，非人力所能为"（《葬经翼》）。人是自然的有机组成部分，人伦道德或行为准则即"人道"，应与"天道"一致，既不能违背天道行事，更不能仗恃人力同自然对抗。所以，

人应该把握和顺应天道并以之为楷模而加以运作，达到"天人合一"的至善境界，满足人生需要。

这是说，风水只能得之而不可改造也。这是相对自然地理风水而言的。确实，自然界的山川，并不是那么好改造的。但对城市建筑和商业风水来说，也不尽然。城市风水的形成很大程度上取决于规划和建设。人类生存发展的基本行为之一是建设居住及工作的地方，这些地方被统称为"宅"，是人与自然的中介。"宅，择也，择吉处而营之也"（《黄帝宅经》），"宅是外物，方圆由人，有可为之理，犹西施之洁不可为，而西施之服可为也"（《答释难宅无吉凶摄生论》）。所以，"宅"及其所形成的人造风水环境是可以按照人的意志进行建设和布局的。风水学也强调要按照阴阳五行、八卦九宫一类的宇宙图式来规划经营宅居环境，表征天人合一或天人感应的信仰，形成了中国古代建筑的显著性格和基本精神。而像故宫的水局（护城河）、玄武局（堆砌景山）就是典型的人为改造风水的例子。

人们认识世界的目的在于改造世界为自己服务。适宜的风水宝地，能为人营造出优美的人居环境。但风水宝地毕竟较少，更多的时候人们是没法去选择的，特别是在人口密集的城市，高楼林立，电力、通信、交通设施密布，想找到没有一点形煞的地方更是难遂人愿。现代风水学认为，人是可以改造风水的，通过一些人为的景观改造，同样可以营造出较好的风水宝地来。

二、旺铺的选址原则

经商店铺的风水选址，主要在于选择一个能保证商家精力旺盛、招引顾客、利于买卖、能带来生意兴隆的好环境。在日本、中国香港、新加坡等地，富豪商家的店铺位置都是非常之好的，也都是按风水家的意见设置的，所以财运都很好。选择经商的店址，民间俗称"选码头"。"码头"位置的好坏，对经营的生意好坏，有很大的影响。因此，店铺位置的选择，对经商者来说是十分重要的。

1. 选址取繁华避偏僻

在市镇上，人流密集的地方就是繁华的地段。按照风水学的说法，有人就有生气，人越多生气就越旺，乘生气就能带来生意的兴隆。从经济学的角度说，市镇上的繁华地段，就是商品交易最活跃最频繁的地方，人们聚集而来，很大程度上就是为了选购商品。将店铺选择在市镇繁华的地段开业，就可以将自己的商品主动迎向顾客，商品能招引顾客，就能起到促销的作用，将生意做红火。

相反，如若将店铺开设在偏僻的街段，就等于回避顾客。商店开张经营，而顾客很少光顾，就会使商店冷冷清清，甚至门可罗雀。按照风水学的说法，人代表生气，没有人光顾商店，商店就缺少生气。生气少，就是阴气生。商店的生意不景气和萧条，就是阴气过盛。一个商店的阴气过盛，不仅会使生意亏本，严重的还会损伤店主的元气，致使商店破产。

在我国的大多数城镇，繁华的地段往往都是集中在 T 字形和 Y 字形的路口处，如果选择在此类地段开店，就会有同住宅一样，受到来自大道的煞气冲击；如若不在此类地段开店，又避开了有利于发财的生气。故而，在这样的情况下，风水有一种"制煞"的方法。

一是要求在开设于 T 字形和 Y 字形路口的店铺前，加建一个布的或者蔑制的围屏，或者围障，或者将店铺门的入口改由侧进，以挡住和避开迎大路而来的风尘；二是在店前栽种树木和花草，以增加店前的生气和消除尘埃；三是尽管经过采用以上的方法对店铺前生气与煞气进行调整，处在此路段经营商务，还是风尘很大，因此，还要注意多在门前洒水消尘，以使店前空气清新；还要勤于店前卫生的清扫和店面门窗的擦洗，以清除沉积的尘土。

总之，在 T 字形和 Y 字形路口处经商，均要保持店内外的干净清洁，特别是经营要求讲究卫生的饮食、水果、百货类的生意尤为重要，如果是让风尘玷污了食品、水果和衣物，按风水学说法就等于染上了煞气，就有可能是因为商品不净而无人问津，或者是因为卫生问题被吊销经营执照，或者是因食物和衣物的不净与顾客引起争讼，等等，都有可能导致所经营生意的破败。

2. 店前宜开阔避狭窄

商铺风水在选择宅址时，讲求屋前开阔，接纳八方生气，这与经商讲究广纳四方来客契合。按照这一原则，选择店铺的地址时，也应考虑店铺正前方的开阔，要求不能有任何遮挡物，比如围墙、电线杆、广告牌和过大遮眼的树木等。

门前开阔的店面，可以使店面向四方，不仅使商铺的视野广阔，也使处在较远的顾客和行人都可看到铺面，这样利于将商店经营的商品信息传播四方，传给顾客，传给行人。风水学把这种信息的传递，叫做气的流动，有了气的流动，就会生机勃勃。从经商的角度说，顾客和行人接受到了店铺的商品信息，就可能前来选购。可以说，在商品经营活动中，没有商品信息的传递，就没有顾客，没有顾客就没有生意。如今商品广告的盛行，就是看中了商品经营活动中商品信息传递的重要性。

　　商铺是一种有固定经营位置的商品交易的场所，由于这种经营方式的位置固定不变，缺乏像货郎担那样走街串巷、主动送货上门的灵活性。因此，商铺的经营要使有顾客上门，门面的显露和引人注目是最基本的。商铺门前有顾客，就有了生气。顾客越多，生气越旺，其结果就是生意越好，利润越高。

　　选择在一个店面狭窄的地方开商店，或者是店前有种种遮掩物，都不利于商品的经营活动。店面的狭窄，或者是店面被种种物体遮挡住了，就不能把商店商品信息远递，这样势必就将商店的商品经营活动局限在小地域和小范围之内进行。有限的经营空间，不可能指望有大的经济收益。如果要凭借灵活的经营手段来改变这种状况，就需要经过一个相当长的时间。这就是经商行话所说的"熬码头"。熬码头，这对于本小利微或者是要急于见经济效益的经商者来说，是承受不起的。即使是熬出了头，使商品的名声逐渐外传了，也还时常会丢掉一些新顾客。这些新顾客往往会因商店店面的狭窄而找不到地址，因此得不偿失，应该搬迁或改造。

对于店面狭窄或者受遮挡的店铺，改造的对策有四点，一是努力去拆除店前的遮挡物，使店面显露出来；二是对店面狭窄而无法改变，就把店牌加大高悬，使较远的地方张眼就能看到；三是通过电视、电台、报纸、广告牌等新闻媒介，广泛地进行介绍宣传，尽量做到使顾客知道商店的地址、经营的商品以及商品服务的特点；四是积极参加各种社会福利的赞助活动，以扩大商店的知名度。

3. 门前避不祥之物

风水强调阳宅开门避开不祥物，从另一个意义上，就是强调人的工作和生活需要有一个空气清新、视感良好的环境。在良好的环境中，人们的工作心情愉快，智力的发挥也最好，自然人们做事的成功率也就最高。所以，店铺的门向应避免正面对着一些被风水学称为不吉祥的建筑物。

风水学所说的不吉祥的建筑，主要是指一些如烟囱、厕所、牛栏、马厩、殡仪馆、医院等容易使人感到心理不适的建筑。这些建筑，或是黑烟滚滚，或是臭气熏天，或是哭号，或是病吟。由不吉祥的建筑带来的这些气流，风水学视之为凶气。

如果让商店的门朝着不吉祥的建筑而开，那些臭气、哭号、病吟的凶气就会席卷而来。经营些日杂小百货尚可，如若经营饮食，开办旅店，必然是食客少至，旅客稀少，因为谁也不愿花钱去闻那些恶臭气，去听那些哭泣哀鸣。而且，对于经营者来说，常处在这样的环境之中，也会造成精神不振、心气不畅，重者甚至还会染病成疾，商败人亡。

当然，在商店选址时就应避免在有不吉祥建筑的区域开业，如因其他缘故要设店于有不祥之物的区域，开门时就一定要避开这些不祥之物，选择朝有上乘之气的方向开门，而且在大门之后处，最好再安放一架屏风，以对煞气再做些阻隔。

　　商铺周围的风水环境，对其经营的影响是很大的。我们经常看到这样的地方，地段不错，人流也旺，但就是有一些店铺怎么经营也很难有起色。这可能有很多方面的原因，比如说经营方式、方法、品种等，而很大的原因可能是商铺风水的问题。可以这么说，商铺的风水对商铺来说是十分重要的，在选择商铺时，一定要特别注意其风水环境。

三、商铺风水与道路形状

商铺风水的好坏与道路形状也有着密切的关系，T 字形路，十字形路，三岔路等这些路形风水如何？当商业大厦或商铺门前同时出现反弓及抱身的路形时，该如何化解？这些都是您商铺选址时需要考虑的问题。

1. 十字形路

十字路，是指一条横路加一条直路，两者相交。

店铺贴近十字路，风水好与不好，比较难下判断。因道路有来有往，吉凶要视其配合。一般来说，在排出星盘之后，再观十字路在吉方或凶方，合不合本命，则较能准确分析。

2. T字形路

店铺向着T字路的，一般已犯了路冲，只有自己的店铺是独立的，才出现这种情况。向着T字路的路头，则前方直路冲来，近店铺处才出现一条横路拦截。

如逢店铺向T字路，一定要看这条路在店铺的吉方还是凶方。有经云："冲起乐宫无价宝，冲起囚宫化作灰。"

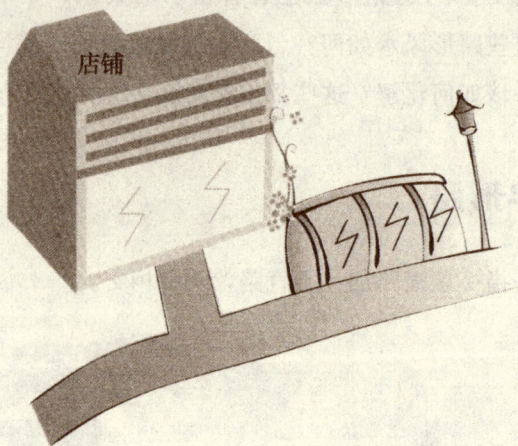

店铺

3. 三叉路

按风水学来说，一般都不喜见三叉路，因为三叉路有使商运不平稳的影响力，若三叉路中一条路冲着店铺，会令家人的健康急剧衰退或易生争执、是非等。

店铺

4. 剪刀路

一出门就看到两岔路冲入门内，风水上说是"剪刀路"。交叉的气场会影响店铺管理者的决策和判断，正常情况应面对横过的路。

店铺

5. 天风煞

无论是住宅或店铺，都忌犯"天风煞"。何为"天风煞"呢？即是指自己的住宅或店铺迎面向着两座大厦中间的缝隙，风经这道缝隙吹来便形

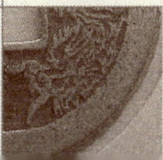

成天风煞（又名天斩煞）。假设店铺真的犯天风煞，可以挂一五帝古钱化解。

这五帝钱是由清朝五个旺朝所铸制的（分别是顺治、康熙、雍正、乾隆、嘉庆），用来化煞必须用真古钱方为有效，仿造的视为无效。

6. 赶丁棒

所谓的"赶丁棒"就是指在店铺门或窗前有一电灯柱，抑或大型灯箱牌，这样的店铺门外就犯赶丁煞，表示留不住人才的意思。所以在选择店铺布局时，应留意避免这一点。

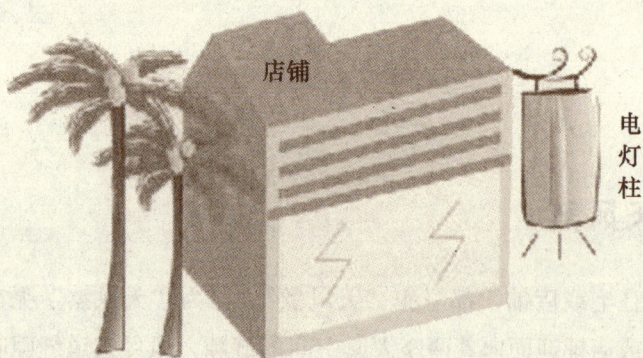

7. 直路空亡

直路空亡，是指大门正对一条大路，表示退财。从气场的角度来看，正对着路的店铺都易受气场直冲，无形中会使人身体衰弱、精神恍惚，生意当然会每况愈下。

8. 面对死巷

大门不可面对死巷，否则不但气流会受阻不顺畅，而且容易聚积浊气，对健康有不良影响，且事业上象征没有出路。

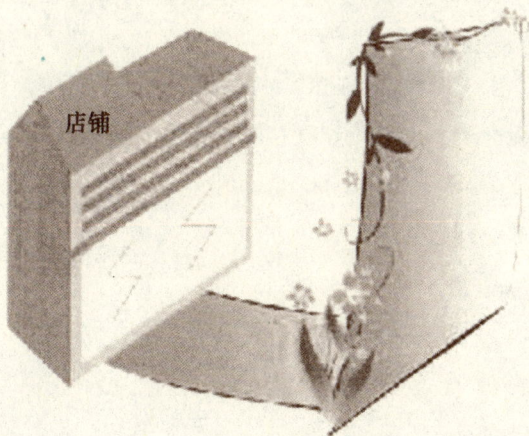

9. 水龙反走局

"水走"即指水向前方流走的
意思。从自己的店铺门前看见有一
条马路，近店铺的一方较高，然后
一直向前方低下去，这便是"水龙
反走局"。就算 T 字路，也可断其
财运不佳。所以在经商之前，逢
"水龙反走"不宜选择开店铺。

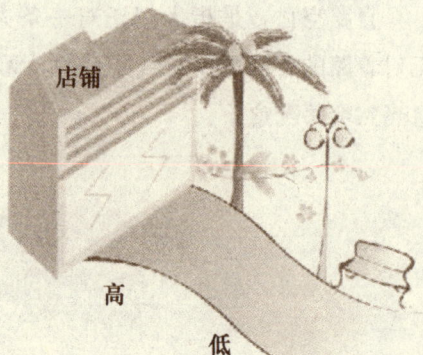

10. 反弓或抱身路

当店铺门前同时出现反弓及抱身的路，实为一种财来财去的现象，一
方面收入十分丰厚，但店铺中大数目的开支亦会令自己预算失衡，所谓是
"有钱赚而无钱剩"。如遇此等问题，可于门前挂一块镜子来化解。

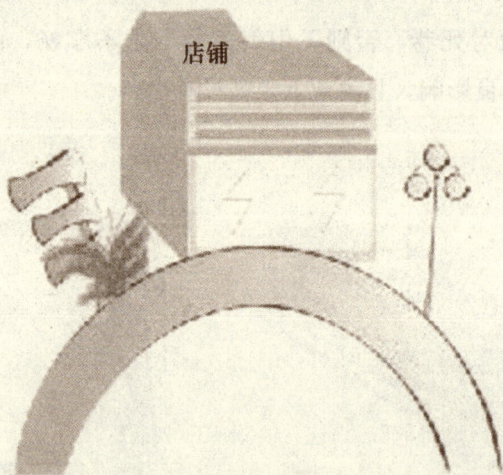

四、不同类型商铺的选址

按照店铺种类选择店址，可以遵循以下几条原则：

（1）休闲行业、餐饮业和为人提供服务的行业，宜开在写字楼集中的地区。

这里的消费群体是上班族，一般都是二三十岁的年轻人，消费档次、消费水平较高。上班族只有中午短暂的用餐和休息时间，因此附近便成了他们用餐、休息的首选之地。因此，离写字楼越近，顾客来店的概率就越高，尤其是餐馆、咖啡厅、冷饮店等。

（2）耐用品店宜开在交通便利，且周围商业氛围浓厚的地点。

人们习惯到一些大中型的商场或繁华市区去购买时尚流行商品或是一些较为高档的耐用品。耐用品的价格比日常用品要高，顾客购买的频率相对较低，所以，消费者为了能买到称心的商品，总是不惜力气和时间。人们到中心商业区的大商场购物，会有质量和服务更有保证的感觉，使用起来更放心。

（3）洗衣店、食品店、药店、服装店、童装店、修理店、杂货店、五金店、美容美发店、化妆品店等宜开在居民区附近。

日用品店的消费群体多数都是家庭主妇，大多数的家庭主妇在购买商品时不会舍近求远。另外，她们还具有定点购买的心理倾向，如牛奶、面包、饮料之类的日常商品，其市场价格的差异不大。当第一次决定从某一商店购买后，今后的购买地点就不会轻易改变。

另外，人们对一些如食品、烟、酒、五金、杂货之类的日常用品，很喜欢到离家比较近的地区购买。如果零售店经营者能够保证销售的商品拥有良好的质量和服务，零售店就能很快地同此地的居民融合在一起，生意也就会越来越兴旺。

（4）中低档流行服饰店、文具店、日用品店、眼镜店、书店、音像店、运动用品店、自行车出租店等，宜开在学校附近。

一般来讲，大中专学校都位于城市的郊区，交通比较闭塞，学生的生活用品大部分需求依靠学校周围的店铺。所以选择在学校附近开店，是一种风险小而又有赢利的投资方式。即使是位于交通便利的市中心的学校，学生的需求不一定依赖周围的商铺，但学生受学习和作息时间的限制，也都需要就近消费。

选择在学校周围开店，店址最好在离学校几百米以内，以顺道为最佳。这类零售店除寒暑假外，只要商品价位不高，收入一般都较好，也较稳定。

（5）旅店、特产店、饮食店、食品店、箱包店、礼包店、旅游纪念品店、娱乐性书店、饮料店、快餐店、出租相机店、代办托运店等，适合开在火车站和码头等地，因为这里聚集着天南海北的旅客，可谓黄金口岸。开店的地址最好距候车室、候船室200米左右，如果能够正对车站的出入口或出入车站的必经之路上生意就会更好。

开店位置的选择除了考虑区内行业分布，还要考虑到区内道路的分布、延伸、大楼的排列、人潮方向等。

五、常用商铺选址实例

1. 超市

随着社会的进步和人们消费习惯的改变，大、中、小型超市在城市的各个角落几乎遍地开花，而且还有继续发展的趋势。

超市选址时要考虑以下五种因素：

（1）地理因素

所谓地理因素指的就是风水，而风水的关键是房屋的左右前后部位的山水走向如何。也就是说，超市左边的楼宇要高，右边的楼宇要低；前方要开阔，最好能有一个小广场似的空地，供消费者停放车辆等用；后方要有高大的建筑。符合该种格局便是藏风聚气之地。实际上也不需要如此死板、教条，只要超市附近有成群的楼房，就会有大量的顾客。超市风水的最高原则就是要有人气，这样超市才有商业生机，人气越旺，经营效果就会越好。

（2）交通因素

小型超市最好设在距小区大门100米之内，以便于顾客前来购物。中型超市或大型超市因为处于城市的繁华地段，需要公交车四通八达，最好能距公交车站近一些，便于顾客少走路。

（3）商品因素

超市自身所经营的商品种类特色，是否与所在商圈的居民购物习惯相符是非常重要的。要以商圈内购物人群的消费心理来制定所销售商品的种类，也就是以哪几大类商品为主，哪几大类商品为辅，确定出侧重点，才能使资金用到正处，利于商品流通和资金周转。

（4）经营规模

超市自身经营规模与商圈覆盖范围成正比。正在策划兴建或者购买、租赁房屋开超市的人，首先应该考虑到所选之地的人口密度、年龄结构和消费水平。一般情况下，小型超市的面积为120～400平方米，店址一般设在居民聚集区或小型商业区，顾客步行10分钟，乘车或骑车几分钟就可到达；中型超市的面积为400～2500平方米，选址的理想地点是在都市中小型的商业区，距离居民区只有步行10分钟或驾车5分钟左右的距离，还要配有汽车停车场及自行车和摩托车的存车处。大型超市的面积在2500平方米以上，选址的理想地点是位于城市经济比较发达的中心商业区，顾客流量大，购买频率高，有利于实现超市低价格、大销量的营销策略，一般需要配备大型的停车场，还必须配备自行车和摩托车存车处，并有专人看管。

（5）竞争对手

要充分应对商圈内竞争对手的威胁并加以有效利用。目前中国零售业竞争日趋白热化，各大百货商场及大型超市各自使出浑身解数来招揽顾客，促销战硝烟弥漫，服务牌百变玲珑，但是在充分施展各种战术的同时，还应该考虑以设计科学、装饰优美、布局合理的商场规划来诱发消费者的购买情绪、刺激消费者的购买欲望并最终实现购买行为。

2. 小零售商店

选址作为小零售商店开业的准备阶段，对其今后的经营起着极其重要的作用。小零售商店的选址也要遵循严格的数字计量、商圈的分析、实地考察，并要考虑到商店周边人口、可接近性、位置的地理特征等多方面的影响因素。

商圈一般指商店所处区域的整体商业大环境，类似于人群之间的圈子，也可特指商店的辐射范围。一般商铺的商圈由核心商圈、次级商圈和边缘商圈构成。核心商圈的顾客占到商店顾客总数的 55％～70％，是离商店最近、顾客密度最高的区域；次级商圈的顾客占到商店顾客总数的 15％～25％，位于核心商圈的外围，顾客较为分散；边缘商圈包括了其余的顾客，是顾客最为分散的区域。当然这是指大型商店，但小型商店也可以借鉴。

小零售商店与大商场不同，有着经营的灵活性，但是选址也是非常重要的，如果选到了黄金宝地，营业额会猛增的。

什么样的地方才算做黄金宝地呢？应该从以下六个方面去考虑，但是不一定这六个方面都具备，一般情况下，能具备两个以上就可以了，当然都具备了就更好。

（1）客流量大的地区

比如闹市区，那里人来人往，特别是商业集中的区域，到那里去的人大多都是去购物的，他们发现了适合自己的商品，就会出资购买。把店铺设在这样的地区营业额必然会很高，这样的店址可谓"寸土寸金"。相反，如果在客流量较小的地方设店，营业额一般很难提高。

（2）人们居住区

居民聚居、人口集中的地方，最适宜开设小型特色店铺。居民们对日用品有着各种各样的需求，而且需用量也大，又是经常性的，不可能为了买一两件小商品特意跑去很远的大商场。这种店铺收入通常比较稳定。

（3）行人较多的街道

有些购物行为不是事先就有了到哪里去买的准备，而是在人行道上走着走着，发现一个店铺，有可能就走了进去。很多人购物图方便，随意进到店中，就有可能买到了自己想买的东西。

（4）同类商店聚集区

经营同类商品的商店如果能集中在某一个街区或地段，更能招揽顾客，同行越多，人气越旺，业绩就越好。因为商店多，货物品种自然全，有选择的余地，顾客也就会多。

（5）休闲场所附近

如公园、游乐场、舞厅、电影院等娱乐场所。人在休闲时，喜欢吃一些小食品或购买一些纪念品。

（6）公共汽车站附近

这样的地方适合开食杂店，卖一些饮料和小食品等。等车时又饥又渴，购买的可能性就大。

需要注意的是，还有以下四种地方不宜开店：

（1）高速路两旁

虽然在风水学中，道路属于水，是财源所在，可高速路上车辆就像汹涌的河水，一泻千里，不能停留。如果附近又没有出口和停车场，就更不宜开店，因为人们不会为一项消费而在公路旁违章停车。

（2）要拆迁的区域

新店开业前需要装修，开业后还得有一段顾客适应期，等局面刚刚打开，就遭遇拆迁，投资损失会很大。

（3）居民少商店多的区域

如果挤进这样的地方开店，有限的固定消费总量不会随新开店铺而增加。在缺乏流动人口的情况下，粥少僧多，谁也吃不饱。另外新开的店，需要有一个让顾客了解的过程，如竞争对手多，效益不会太好。

（4）没有电梯的高层

现在的人们，习惯了进商场坐电梯，省力又省时，如果没有电梯，即使仅是二层，也不愿意徒步向上爬。再说，这样的楼层给商品补给和提货都带来不便。

3. 小餐饮店

随着人们生活水平的提高、贸易的繁荣和流动人口的增多，一些经商者把目光投向了小型餐饮业，试图也经营一家餐馆。可以说，这是一个赚钱的明智选择。可其中的一些人，又担心地址选不好，招揽不来顾客。其实，小餐饮店选址也和零售业的店铺选址差不多。

从经营角度讲，选择小餐饮店的店址主要考虑三个方面：

一是临街，至少也应该处于胡同口，靠近大街的位置；

二是附近写字楼较集中，公司较多；

三是居民住宅较集中的地方。

当然，三方面都具备的地方更好。总之，餐饮店的附近要有足够的人流，有人流才有客流，有客流才会有"财流"。业内人士认为，选好店址不愁无客源，等于开店成功了一半。

如果小餐饮店的店址选的是公司写字楼区域，消费群多是从事贸易或企业管理人员，消费水平也相对高些，小餐饮店定位就要以他们为重点，在店内装潢上要讲究些，消费价格的确定上应根据他们的"品位"来"量身定做"。如果装修环境缺乏相应档次，就可能使一些客源流失。如果小餐饮店选在居民住宅区，显然，这样的客源就应以普通居民为主，装潢时应以整洁、明亮、卫生为首要，价格要以当地居民能接受的消费水平来定位，价格太高，等于将居民拒之门外。

4. 旅馆

旅馆选址在要求上和住宅选址稍有不同，住宅选址考虑的主要是微观环境，而旅馆选址则要从大处着眼，注重宏观环境的利用。

（1）从宏观环境考虑选址

在建造旅馆、购买旅馆或承包旅馆之前，先要观察旅馆所处的地理位置、道路交通、地磁方位、水文地质、环境景观、气候气象以及地表等状况，从而确定建筑类型。地表应该清爽整洁，如果地表低洼，或散发臭气的地方都为不吉，应尽量避免。道路交通要便捷，使旅客每天出入，无论到城市的哪个方位都能有方便的公交车搭乘，有一种方便感。

（2）考虑地段和区域的风水

城市中的地段和区域各具特点，要查看区域内的风景游览、宗教活动、文化活动、娱乐活动、体育活动等，这些因素的规模、数量、大小对旅馆的选址很有参考价值。如果以上这些活动场所较多，就有旅馆的客源保证。

（3）分析所处城市的类型

就一个城市性质而言，有大量批发商品销售的商业型城市，是经营旅馆业的理想地点。以观光为主的城市，也是经营旅馆业的理想城市，不过有一定的季节性。而在消费型、生产型的城市经营旅馆业，就不如商业观光型城市。

（4）看周围的人口与交通状况

在经营旅馆业之前，先要调查该城市的居住人员情况、常住人口和流动人口情况，以及铁路、航空和其他交通乘客的流动数量，还要把交通的发展和可能改变的规划，乃至交通枢纽及交通工具的变化等，都要考虑进去，总之，要求人气必须旺。

（5）了解周边竞争对手情况

在旅馆的选址过程中，不可忽视竞争这一问题。要了解该区域内现有的旅馆设施情况及竞争对手的经营特色与状况，看是否有新建旅馆的规划。就连区域内的饮食设施、规模特色、营业时间、顾客层次、消费单价、营业额、菜系和菜单内容等，也要做详细的调查。

5. 酒吧

酒吧的选址大致有三种旺财选择：

（1）选在繁华热闹的地段，车水马龙人气最旺的地段。

（2）选择在视野宽阔风光秀丽的地方，在沙滩海边、江河湖畔，有一种巧夺天工的自然美，在这种环境优美的地方开酒吧，客人可以多一些感观享受，能使人充满理想追求，这样美好的地方自然会使人垂青。

（3）选在已有规模、人气又旺，且人文档次较高的宾馆大酒店里，这种地方配套设施齐全，消费档次也高。

酒吧门前要有广场，附近要有停车场，要有足够的车位，才能藏风聚气、兴旺发达。酒吧的周边不宜有变电站、加油站、汽车美容店和摩托车

修理店。因为这种地方噪声大，又有污秽之气干扰。

需要注意的是酒吧不可以在高架桥下，大门不可正对高架桥的凸面弧度，门前不宜有破屋、烂尾楼、高压线、铁塔、电线杆、枯树，更不能正对政府部门和庙宇教堂。

6. 服装店

服装店的选址很重要，重要到几乎可以决定商家的生存命运。找一块"风水宝地"作为服装店，店铺赢利就有70%以上的把握了。

服装店在选址之前，首先要确定的就是客户群的选择问题。兵战之术中讲究"天时、地利、人和"，商战更是如此。在商战中，"天时"代表市场机会；"人和"即人的协调和睦；而"地利"则是发展生意的一个好位置。恰到好处地选择一块经营位置，生意差不多就已经成功了三成。但对各具特色的服装店来说，并不是只要选择房租最贵的商业区就是自己的黄金地段。店主们准备开设的服装店，有做衣服的裁缝店，有卖衣服的时装店，有大型的，有小型的，有针对工薪阶层的，有做名牌专卖的，有专门针对农村市场的，有专卖婴幼孕服饰的，有专卖职业服装的等，他们各自都有自己最合适的位置。无论是选择服装厂址，还是时装店址，都需要认真考虑。

在每座城市，都可以划分为五种典型的区域类型，即中心商业区、次繁华商业区、群居商业区、居民小区、偏僻街道与城市近郊。每一种区域都有自己的商业价值，关键是选择一处适合自己企业经营、发展的位置。

比如说中心商业区，其也称为都市繁华区，大多位于城市的中心地带，是商业活动的高密度区域，所以房租价位也是最高的，可以说是"寸土寸金"。该区的主导力量是大型自选商场和百货商店，其商品种类多，规格全。由于客流量大，在双休日或节假日有可能出现"人山人海"的场面。所以，如果有足够的资金，在中心商业区租一间铺面，也是值得考虑的。你可以开一家高档时装专卖店，或高品质的裁缝店，也可以在大型服装商场中，策划一间"店中店"。

次繁华商业区一般位于中心商业区的外围边缘地带，虽然客流量没有中心商业区那么大，但交通比较便利。次繁华区大多是从居民区到繁华区的中间地带，所以适合开设规模中等、情调优雅的服装店，在经营上应尽可能地做一些宣传，把信息传给千家万户，建立自己特定的顾客群，这样就可以与繁华区的经营者一比高低。另外，在一些大型商务中心或行政区，也不妨开一家顾客对象明确的小型时装店。

六、最宜开店的地点

选择商铺位置，需要知道哪些地段适合开店，这涉及对商铺开设区域的定性分析，以下将予以详细介绍。

1. 商业繁华区

商业区地段是居民购物、逛街、休闲的理想场所，也是商铺开业的最佳地点。可是，由于商业区地段场地费用比较高，并非一切商铺理想的开设地点。这些地段费用高，竞争性也强，各行各业争芳斗妍，除了大型综合商铺外，较适合那些有个性特色的商铺经营发展。这一地段的特征是，商业效益好，投资费用相对较大，应有针对性地对顾客提供服务，在节假日顾客多时，生意会更好。

2. 居民住宅区

这些地段的顾客是住宅区内和附近的居民，以家庭主妇为主，节假日和下班时间则包括家庭其他成员。这些地段的特征是，有关家庭生活的商品消费力强，尤以日常用品消费量最大，凡能给家庭生活提供独特服务的商店，都能获得较好的发展。

3. 车站附近

　　火车站、地铁站、长途汽车站附近是往来旅客集中的地区，适合商铺
开业。这些地段的特征在于，这里顾客主要是过往乘车的旅客，与上班族

和学生有很大不同，他们选购的商品虽然非常广泛，但大多以购买不费时间、容易携带的商品为主。由于人群流动量大，这些地段商业价值较高，尤其适宜发展饮食、食品、生活用品等方面的商铺。

4. 上班族聚集区

这些地段是上班族集中之地，其光顾商店的目的不外是采购日常生活用品、办公用品以及谈生意、聊天。该地段的特征是，午饭与晚饭时间为营业高峰期，周末与节假日的生意清淡。

5. 市郊区

以前人们常常认为市郊区是不太理想的开店之地，可是现在由于城市的迅速发展和车辆的大量增加，市郊地段的商业价值正在上升。这一地段的特征，主要是向驾驶各种车辆的人提供生活、休息、娱乐和维修车辆的服务。

我国城市的市郊地段具有相当的可变性，许多目前人口并不多的市郊地段，随着城市建设的发展，会变成繁华的社区中心。眼光远大的投资者如能把握机会，提前一步择地开创基业，日后财源定会滚滚而来。

以上几种地段的分类并不是绝对的，有的地方可能同时具有两个到三个地段的特征。所以，商铺在选择位置时，需要具体问题具体分析。

6. 学校附近

这些地段处于学校附近，学生去商店的动机主要是购买学习用品、书籍、生活必需品以及聚会谈天、消遣时光。应针对学生的需要，提供适当的服务和商品。寒暑假期间是生意清淡之际，需要做变通经营。

7. 休闲、娱乐区域

　　因为是娱乐、旅游地区，顾客的消费需求主要在于吃喝玩乐、休闲娱乐，故适合于饮食、食品、娱乐、生活用品方面的商店发展。但这些地段常有时间性强的特征，高峰时人潮汹涌，低峰时门可罗雀。当然，如果靠近居民区、商业区的话，则另当别论。

第四章
商铺室外装饰风水

　　从商品营销的角度来说，注重商铺的室外装饰以达到树立商业形象的目的，就必须使之具有鲜明的独特性，即商铺外观要有特色，以达到宣传自己、招引顾客的目的。

　　一个室外装饰平庸的商铺，是不可能超出他人的营业效益的。商铺的室外装饰不仅有助于招徕顾客，更重要的还是商品营销的一个谋略，所以设计含糊不得。

一、商铺朝向风水

1. 商铺朝向的风水讲究

风水学上认为，商铺的朝向与选址、经营项目及经营者生肖等有密切的关系，所以，在商铺取向上应该综合考虑这些因素，以求得一个吉利旺财的朝向。所以，商铺的朝向是商家十分重视的事情，往往将之看成是经商成败的关键。现将某些商铺适宜的朝向列表如下：

商行、公司、商铺	适宜的正门朝向
律师事务所、医疗中心	北或东
船业公司、财务公司、保险公司	西北或东南
银行、建筑公司、进出口公司	北或东
批发店、餐饮店	北或东南

此表是按五行相生相克的原理编制的。实际上，商铺的兴衰取决于顾客，顾客是商铺的财源所在。顾客盈门商铺就会兴旺发达，反之，就要倒闭。所以商铺门的朝向取决于顾客。应该是顾客在哪里，商铺的门就开向哪里，做到门迎顾客。

商铺的朝向还跟商铺的选址有很大关系，如商铺的选址为坐南朝北或坐西朝东，而顾客的聚集点也在房屋所坐朝的方向，那么商铺的门就只有朝北、朝东了。如果是这样商铺又犯了"门不宜朝北"的忌讳，在夏季商铺就要受到烈日的直晒，而冬季又要受到北风的侵袭。在这种情况下，不妨运用阴阳五行相生相克的定律处理。如果经营旅馆业，夏季时，除了在旅馆门前搭遮阳篷外，还可以在旅馆的前厅摆置一个大的金鱼缸和若干盆景。金鱼缸属水，盆景属木，都可以起到使室内的热气减弱的作用。而且人在暑天里看到一缸清凉之水，其中又有生气勃勃的金鱼，就会获得清新之感。

如果是有楼层的商铺，二楼用做办公室，商铺的门朝向顾客，那来自商铺门口的噪声就有可能干扰到二楼的办公室。为了避免这种干扰，所设计的楼梯口不可正对着商铺大门。按照风水学的说法，将上楼的梯口正对着大门，聚集在大门口的煞气（噪声）就会直接顺着楼梯道进入二楼。理想的做法是将楼梯设置在侧面，楼梯口避开正门，由侧墙引阶而上。有可能的话，最好还是在大门和楼梯口之间放置一架屏风，作为噪声的间隔层。

在街市上，常可看到一些利用原有的沿街房改建而成的商铺。这种商铺的房屋原来大多是作为住宅使用的，大门上方一般没有设置遮阳遮雨的预制板或平台，这样商铺的门虽然开向了顾客，但也不利于顾客的出入。属于这类型的商铺，应在大门额的上方搭出一个遮阳篷。有了这样一个阳篷，在夏季可避免商铺受到烈日的暴晒，也可使顾客在商铺门前有一个站歇的地方；在雨季，可避免商铺被雨浸湿，也为顾客在商铺门前准备一块避雨之地。否则，商铺门前无遮无挡，在烈日之下，热气逼人，顾客不耐酷暑，自然却步；在阴雨之下，湿气袭人，顾客又没有位置站，当然不会来。

2. 商铺朝向与经营者属相

关于商铺的朝向宜忌，风水先生常常以商铺经营者的属相来确定。这种以经营者属相来确定商铺朝向宜忌的做法虽然缺少科学依据，但也不妨参考一下，以求得心理安慰。

属鼠的人	宜：坐东向西方，坐北向南方，坐西向东方
	忌：坐南（未山）向北方
属牛的人	宜：坐北向南方，坐西向东方，坐南向北方
	忌：坐东（辰山）向西方
属虎的人	宜：坐东向西方，坐南向北方，坐北向东方
	忌：坐北（丑山）向南方，坐西（戌山）向东方
属兔的人	宜：坐北向南方，坐南向北方，坐东向西方
	忌：坐西（酉山、戌山）向东方
属龙的人	宜：坐西向东方（酉山、戌山除外），坐北向南方，坐东向西方
	忌：坐南（未山）向北方
属蛇的人	宜：坐南向北方，坐北向南方
	忌：坐东（辰山）向西方
属马的人	宜：坐东向西方，坐西向东方，坐南向北方
	忌：坐北（丑山、子山）向南方
属羊的人	宜：坐北向南方，坐南向北方，坐东向西方
	忌：坐西（戌山）向东方
属猴的人	宜：坐北向南方，坐东向西方，坐西向东方
	忌：坐南（未山）向北方
属鸡的人	宜：坐北向南方，坐南向北方，坐西向东方
	忌：坐东（辰山）向西方
属狗的人	宜：坐南向北方，坐西向东方，坐东向西方
	忌：坐北（丑山）向南方
属猪的人	宜：坐北向南方，坐东向西方，坐南向北方
	忌：坐西（戌山）向东方

3. 各行各业的旺财方位

　　俗话说"三百六十行，行行出状元"，商业也分不同行业。所属行业不同，商铺朝向选择也不尽相同。现介绍各行各业的吉利方位，以供参考。

（1）餐饮业

餐厅、咖啡专卖店、酒吧、饮食店、酒廊等，关键在于北，若将北用做大堂则吉，东南有突则生意兴隆。烤肉店、炸鸡店等用火的生意，厨房在东或南则吉，倘只是用火则南最佳。

（2）百货业

杂货店的朝向局限很小，把柜台置于西北、东南、南、北任一方位都会有很好的财运，切忌在正东和正西方位。

（3）服饰业

服装店的入口在东南为大吉，入口在此方位会财源滚滚，好运连连，其次依序是东、南、西北三个方位。

（4）电器业

电器行、水电行将营业厅的门建在东与南、东南为吉。钟表、贵金属商店，出入口若在东、东南、南则为大吉位，即使在西亦为吉相。此种行业宜选择在东侧与南侧二方位有道路经过的东南角地。

（5）西点业

西点面包店把入口置于东南、东、南为吉，但开闭门不可在正中线、四隅线。至于糖果公司、办公室建筑物的东南与南有突则为吉，工厂宜将与火有关的建筑置于南方位。

（6）水产业

鱼店、海产物批发店，把营业厅建在东南、东、南方位，用陈列台或箱子等掩盖正中线、四隅线为吉，加工食品店在南、东南造突为吉。西南摆商品陈列台、客人用的椅子等，入口最好设在东南、南、东。

（7）水果业

对于经营新鲜水果的店面，最好把新鲜的货品摆在北、南则生意兴隆，入口设在东、东南、南、西北为吉。

（8）摄影业

在东南、东、南、西四方位设入口为吉。柜台置于从店的中心看是西北、东南则经营稳定。

（9）纸业、制药业

若入口在东南、东、南则吉，但要避免正中线、四隅线。若在西北造突，门在东、东南、南为佳。

（10）园艺店

花店将入口设于东、东南、南则吉，若不得已设于西北也可。

（11）家具业

家具店、木工厂在东南与西北造突为吉。

二、商铺外观设计风水

商铺外观设计，从某种意义上说，代表了商铺的形象。好的商铺外观能在顾客心中树立起良好的印象，使顾客来购买物品时感到踏实、可靠、可信，从而也就增强了在顾客心中的名望。反之，如果一个商铺的外观设计不谐调，人们看过去感到十分别扭，不仅招人评头论足，使人反感，而且也会损坏商铺在顾客心目中的形象，使顾客失去对商铺的信任，当然，也就会很少举足上门了。

1. 商铺外观造型的重要性

人们认识一个事物，往往都是从认识其外观开始。商店能从外观造型的感觉上赢得了顾客，就等于把生意做成了一半。

从商品营销的角度说，注重商店的外观造型达到树立商业形象的目的，就必须使这个外观造型具有鲜明的独特性，即要注重造就商店外观的特色，通过运用商店外观造型的独特性，宣传自己，招引顾客。作为从事经商活动的店铺多密集于繁华热闹的街市，拥有众多商店的繁华街市，是一个商品经营活动竞争十分激烈的区域。要想在这个竞争区域里，取得商品营销活动的成功，首先就要从商店的外观造型上着手，要使商店的外观造型在商家角逐之地独树一帜，从而先声夺人。

　　可以想象，一个外观造型平庸的商店，或者是一个商店的外观造型与他邻近商店保持一个格调，这个商店要取得超出他人的营业效益是不可能的，最多也是与他人持平。因为，这个商店没有能在商店林立的街市上，将自己突出地显露在顾客面前，因此，也就很难在商品买卖激烈竞争的舞台上赢得有利于优先发展的地位。所以，将商店外观造型设计得有特色，这不仅仅是吸引顾客的一个做法，更重要的还是商品营销的一个谋略。

　　注重商店外观造型的特点，就如同注意商品包装的特色一样。一件商品在市场上能否做到畅销，除了讲求商店的质量可靠和性能的优质外，还要讲求对商品进行具有特色的包装。因为，包装是展示在商品外表的一层装饰，顾客在柜台上选购商品时，首先看到的就是商品外表的一层装饰。商品的营销者要通过这一层装饰来抓住顾客，激起顾客的购买欲，关键就在于展示在商品外的这一层装饰是否具有新颖、美观、别致等多方面的特色。道理一样，商店能否吸引顾客，除了讲求经营商品的质量和优良的服务态度之外，商店外观造型的特色也是重要的。据不完全的调查，一个经营效益好的商店，大多都是外观造型具有特色的商店；一个善于经营的商店，在他们的商品营销的对策中，总有一条是关于商店的外观造型设计的原则，因为，他们把商店的外观造型看成是一个展示商店的包装，相信具有特色的包装就能够占领商品的经营市场。

　　一个商店外观造型的特色，最好是能围绕商店所经营的主要商品，或者是针对商品的营销特色去展开设计和构想，主要原则就是要使顾客从商店的外观，就能体会到或者猜测到商店经营的范围，使之在商品的营销活动中，起到宣传商店和招揽顾客的作用。

　　追求商店外观造型的特色，并不意味着将这个外观造型搞成奇形怪状。奇形怪状的商店外观造型，将会弄巧成拙，惹来路人的非议。

　　良好的建筑造型，就在于要符合人们对造型结构的审美意识。这种审美意识，对中国人来说，就是讲究结构的左右对称，前后高低均等，弧圈流畅，方正圈圆等。因此，在设计商店外观的独特造型时，要注意造型结构的谐调性。就是说，要考虑商店外观的独特造型是否符合人们对建筑结构的审美观念。具体来说，大致要看处于左右两侧的部分是否对称，前后的高低是否相宜，建筑物四周留出的空间是否均等，该成圆形的圆了没有，该成方形的方了没有，该成角形的，成了角没有，等等。总的原则，就是在人们观看商店的外观造型时，感到舒服、顺眼，取得良好的视觉效果，即是要取得人们对商店外观独特造型的认可。

商店房屋的外观造型，从某种意义上说，就代表了一个商店的形象。好的商店外观造型，能使商店在顾客中树立起良好形象，使顾客来到商店里购买物品时，感到踏实、可靠、可信，从而也就增加了在顾客心里的声望。反之，如果一个商店的外观结构设计得不谐调，人们看过去感到十分别扭，不仅招人评头论足，而且使人产生反感，甚至厌恶，从而也就损坏了商店在顾客心目中的形象，使顾客失去对商店的信任感，当然，顾客也就很少举足上门了。

对于建筑外观造型不谐调的店铺，风水学称之为"凶宅"，认为会带来天灾人祸。商店因建筑外观造型的不谐调而失掉顾客，就是商店遭受到的最大祸患。注意商店外观造型的谐调，也是商店经营买卖活动的一个不可忽略的内容。

2. 商铺外观造型要与周围景致谐调

在设计商铺外观的造型时，除了要考虑建筑本身结构比例的谐调性之外，还要注意使商铺的外观造型与所处区域的自然景致相谐调。风水学认为：宇宙大地的万物都蕴藏着气，优美的山川景致表明生气盎然，残垣断壁就是死气淤积。在山川美景中，气的流动顺畅，而在残垣断壁的区域，气的流动则受阻。

按风水学的说法，在考虑商铺的外观造型与所处区域自然景致的关系时，有意识地将商铺的外观造型与优美的自然景致谐调地融为一体，使外观造型与区域景致相谐调，就意味着顺应了宇宙之气的流通，就是将商铺融入了大自然的生气之中。商铺处在优美的自然景致之中，就拥有了丰富的大自然生气，就能顾客盈门，生意兴旺。相反，商铺处在残垣断壁的恶劣的环境之中，就会导致生意经营的惨淡。

从商品的营销角度来说，商铺有一个优美的景致作背景衬托，可使商铺在对外宣传时带给人们一个美好的形象。特别是从事旅游酒店生意的，坐落于优美景色中，会迎来源源不断的观光游客。

有了优美的自然景致这种良好的环境，还要考虑商铺的建筑风格与之是否相谐调。如果不注意这种谐调性，就等于失掉了所拥有的区域生气。

商铺建筑与自然景致不谐调，是指商铺的建筑很不相衬，或者是十分别扭地出现在优美的自然景致之中。商铺的建筑与自然景致不谐调，就破坏了原有的大自然美，就等于在一幅优美的图画上出现了一个不应有的污点。按照风水学的说法，就是商铺的建筑与区域自然之气不顺，扰乱了宇宙间的自然之气，使宇宙间的生气流通受阻。宇宙生气受阻带来的是煞气的产生，原有的生气就变成了煞气。商铺建筑受到煞气包围，生意就会清淡。

从实际客观上来说，商铺建筑不谐调地出现在优美的自然景致之中，就会破坏商铺对外宣传的形象，从而影响到生意和买卖。

观察一个商铺的外观造型是否与所处区域的自然景致相谐调，最简单的一个方法，就是在早晚的时候，从不同的视觉角度来观察商铺的外观是否美好，特别是在有朝霞和晚霞的时候，看一看映衬在霞光之中的商铺外观造型是否美丽动人，是否有诗的韵味，是否与自然景致融成了一幅优美的画卷，如能达到这样的效果，就是商铺的外观造型与区域的景致达到了最佳谐调的状态。商铺与优美的景致相融合，是商家所看重的天时、地利。精明的生意人能借用天地之利，达到财源旺盛的目的。

3. 商铺外观的色彩运用要和谐

商铺的外观色彩是给过往路人传递商铺信息、留下第一印象的关键部分，所以说商铺的外观色彩对商铺的经营起着至关重要的作用。

按照风水学的五行之说，天地万物是由水、火、土、金、木五种元素构成。颜色分配五行为青、赤、白、黑、黄五种颜色。

青色，相当于温和之春，为木叶萌芽之色；赤色，相当于炎热之夏，为火燃烧之色；黄色，相当于土，为土之色；白色，相当于清凉之秋，为金属光泽之色；黑色相当于寒冷之冬，为水，为深渊之色。简言之就是，木为青色，火为赤色，土为黄色，金为白色，水为黑色。

另外，赤、黄、白、黑、青五色，在古代还有如下特殊的意味：

赤色，幸福、喜乐、活泼；

黄色，活力、富裕、崇高；

白色，悲哀、平和、雅洁；

黑色，破坏、沉稳、悲痛；

青色，永久、平和、雅洁。

所以，中国古代的建筑对颜色的选择十分谨慎，如果希望富贵而设计的建筑就用赤色；为祝愿平和、永久而设计的建筑就用青色；黄色为皇帝专用颜色，民间的建筑不能滥用，只能用于建筑的某个小部位；白色不常用；黑色，除了用墨描绘某些建筑轮廓外，也不多用。故而，中国古代的建筑以赤色为多，在给屋内的栋梁着色时，以青、绿、蓝三色用得较多，其他颜色很少用。

可见，人们对颜色所表现出来的习尚，已经不是一种简单的颜色欣赏，而是一种蕴涵着某种人类情感的寄托物，反映了一个民族的信仰观念。于是，在设计商铺外观的颜色时，就要注意将之与人们对颜色的传统认识观念相谐调，要使人们接受所附于商铺建筑外观的颜色。当然，随着现代文化的发展，人们对颜色的需求也会有所变化。那么，作为商铺的经营者，就要主动地去满足人们对颜色的新需求，以颜色的清新、活力、美感来吸引顾客，达到促销商品的目的。

商铺外观设计颜色不谐调，主要是指建筑涂了某种为人们所忌讳的颜色，或者是在着色上，给人们造成了色感认识上不相适应的感觉。商铺外观设计颜色的不谐调，会影响其外在形象。按风水学的理论来说，颜色不正，色彩不谐调，都带有煞气。商铺外观设计颜色不谐调，就使商铺带上了煞气，有了煞气，则为不吉之相。且不在风水如何，商铺外观设计颜色不谐调，就好似一个人穿了一件不伦不类的外装，容易给人造成不好印象，所以应该加以避免。借助颜色美化商铺，借助颜色烘托商铺，这是现代商铺运筹的崭新意识。

需要注意的是，颜色和谐，首先要注意每个民族和地方有无色彩的禁忌，千万不要乱用颜色，犯大忌。同时，要注意颜色和行业的对应关系。

三、商铺店门设计风水

　　店门是商铺的咽喉，是顾客与商品流通的通道。商铺的店门每日迎送顾客的多少，决定着商铺的兴衰。以下将介绍店门设计的作用及相关宜忌。

1. 商铺店门设计的重要性

　　大家知道，设计店门的作用是诱导人们的视线，并使之产生兴趣，激发想进去看一看的参与意识。怎么进去，从哪进去，就需要正确的导入。

　　商铺店门设计的目的就是告诉顾客店内的相关信息，使之一目了然。在店面设计中，顾客进出门的设计是重要一环。将店门安放在店中央，还是左边或右边，这要根据具体人流情况而定。一般大型商场的大门可以安置在中央，小型商场则不妥当，因为店堂狭小，会影响店内的实际使用面积和顾客的自由流通。小店的进出门设在左侧或右侧比较合理。

　　从商业观点来看，店门应当是开放性的，在设计时应当考虑到不要让顾客产生"幽闭""阴暗"等不良感觉。因此，明快、通畅、具有呼应效果的门廊才是最佳设计。

　　店门设计还应考虑店门前路面是否平坦，前边是否有隔挡及影响店面形象的物体或建筑，采光条件、噪声影响及太阳光照射方位等因素都要考虑。

　　店门所使用的材料，以往都是采用较硬质的木材，或在木质外部包铁皮或铝皮，制作较简便。近年来我国也开始使用铝合金材料制作店门，这种材料的优点是轻盈、耐用、美观、安全、富有现代感。无边框的整体玻璃门适合于高档的首饰店、电器店、时装店、化妆品店等。

2. 商铺店门设计宜宽敞

　　商铺的门是其咽喉，是顾客与商品出入与流通的通道。商铺的门每日迎送顾客的多少，决定着商铺的兴衰。因而，为了使商铺能提高对顾客的接待量，门不宜做得太小。商铺的门做得过小，按风水学的说法就是缩小了屋宅的气口，不利于纳气，使气的流入减少、减慢，从而减少屋内的生气，增加死气。对于经商活动来说，作为出入通道的门做得过小，就会使顾客出入不便，如果顾客还要提携商品的话，就会出现撞撞碰碰，很有可

能会损坏已卖出的商品。狭小的店门，还会造成人流拥挤，拥挤的人流就有可能使一些顾客见状止步，也会因人流的拥挤发生顾客间的讼争，以及扒窃事件的发生，最终影响商铺正常的营业秩序。这就带来了风水学常说

的"灾祸"。因此，最好是把商铺的店门加宽、加大，这也就是扩大了风水学所谓的"气口"。大气口能接纳大财，避免其他不应有的事件发生，从而保证商铺良好的营业秩序，使经营蒸蒸日上。

广开了店门，还可以将商品更好地展示于顾客面前，方便顾客选购。广开了店门，就等于拆除了店内商品与店外顾客间的隔墙，使陈设在店内的商品直接展向街市，使街道上的行人举目就可以看到，就使陈列于店内的商品成了一个实物广告，既宣传了商品，又做了生意。

广开了店门，柜台就成了宣传的橱窗，而且这个"柜台橱窗"更灵活，既可看，又可进行交易买卖，解决了商铺橱窗只能设置在店门左右两侧的宣传商品的问题。橱窗全部拆除，代之以柜台，将商店全面向顾客敞开，从商店投资的效益来说，就在不用扩建商店的基础上，扩大了商铺的经营空间和营业面积。

要求店门宽敞的意义，就在于使顾客更大范围、更方便地接触商品。按照这个原则的设计，更进一步就是组建让顾客能自己提取商品的自选商场。在自选商场里，众多的商品就摆在顾客的眼前，可以不须经过营业员之手，就可以拿到商品。

实践证明，能让顾客更广泛地接触商品，能让顾客按自己的意愿自由地取舍商品，就可以提高商店的营业额。这也是商铺的"门宜宽敞"所要达到的效应。

3. 商铺店门前要整洁忌肮脏

商铺门前不可有臭水沟流过，门口地面也不可有积污水的坑洞。以现代观点而言，大门宛如一个人的颜面，如果有污水则会给人肮脏的感觉，当然形象不佳，生意难以开展。

开在二楼的商铺，为了吸引人潮，楼梯口不可狭窄拥挤，否则会产生压迫感，使客人不愿意光顾。理想的楼梯应该宽广，不仅看起来心里舒畅，而且安全。

从心理卫生和环境卫生方面而论，商铺的门向还应避免正面对着一些被风水称为不吉祥的建筑物。风水所说的不吉祥的建筑，主要是指一些如烟囱、厕所、牛栏、马厩、殡仪馆、医院等使人容易感到心理不适的

建筑。

当然，在商铺的选址时就应避免在这种不吉祥的区域开业，如因其他缘故要设于这种区域，开门时就一定要避开这些不祥之物，选择朝有上乘之气的方向开门，而且大门的后处，最好再安放一架屏风，以对煞气再作阻隔。

风水强调开门避开不祥物，从另一个意义上来说，就是强调人的工作和生活需要有一个空气清新、视感良好的环境。

为了方便顾客进出，有些商铺会开两个门，这时就应注意两门不可相对，否则于风水不利。商铺门不可向着与上一层楼连接的扶手电梯。门向着的若是由下层移动上来的自动电梯时，便称为"抽水上堂"，属于吉利，主旺财。反之，门若是向着通往下一层的扶手电梯的话，为"退财水"，又名"卷帘水"，即是将门前之财水卷走，为不聚财之相。

因此，经营者在设计商铺时，可将店门向着上行的扶手电梯，但不宜向着下行的扶手电梯。

四、商铺橱窗设计风水

在现代商业活动中，橱窗既是一种重要的广告形式，也是装饰商店店面的重要手段。一个构思新颖、主题鲜明、风格独特、手法脱俗、装饰美观、色调和谐的商店橱窗，与整个商店建筑结构和内外环境构成立体画面，能起到美化商店和市容的作用。

从整体上看，制作精美的室外装饰是美化销售场所和装饰店铺、吸引顾客的一种手段。如商店门前的电子广告，它以新颖别致、变幻无穷的图像吸引着顾客的注意力，即便不想买东西的人，也会在这种渲染的气氛中不知不觉地走进商场。特别是商店的橱窗，它如同商店的一张脸，布置得适宜，就会使人产生春意盎然之感，即便是匆忙路过的人，也会停步观赏一番。商铺橱窗引人注目，天长日久，自然美誉远播，名闻遐迩，顾客自会越来越多。所以，精心设计橱窗，是现代装饰的重要内容。

好的橱窗设计不是商品堆积，而是追求主题突出，格调高雅，富于立体感和艺术的感染力。国外的大商店都喜欢在橱窗里使用艺术雕塑式人物造型来配合商品的陈设，使整个橱窗在艺术装饰的烘托下显得层次分明，一目了然。

一般来讲，橱窗设计应注意以下十个方面：

（1）橱窗建筑设计规模应与商店整体规模相适应，不能影响店面外观造型。

123

（2）橱窗陈列的商品必须是本商店出售的，而且是最畅销的商品。

（3）在橱窗设计中，必须考虑防尘、防热、防淋、防晒、防风、防盗等相关的防护措施。

（4）橱窗布置应尽量少用商品作衬托、装潢或铺底，除根据橱窗面积注意色彩调和、高低疏密均匀外，商品数量不宜过多或过少，要做到使顾客从远处近处、正面侧面都能看到商品全貌。富有经营特色的商品应陈列在最引人注目的橱窗里。

（5）橱窗陈列季节性商品必须在销售旺季到来之前一个月预先陈列出来，这样才能起到迎季宣传的作用。

（6）橱窗横度中心线最好能与顾客的视平线相等，这样整个橱窗内所陈列的商品就会在顾客的视野中。

（7）陈列商品时，应先确定主题，无论是多种多类或是同种不同类的商品，均应系统地分门别类依主题陈列，使人一目了然地看到所宣传、介绍的商品内容，千万不可乱堆乱摆分散消费者视线。

（8）橱窗陈列需勤加更换，尤其是有时间性的宣传商品和橱窗内容易变质的商品应特别注意。

（9）易液化变质的商品如食品糖果之类，以及日光照晒下容易损坏的商品，最好用其模型代替或加以适当的包装。

（10）橱窗应经常打扫以保持清洁，特别是食品橱窗，如果里面布满灰尘，就会给顾客不好的印象，引起对商品的怀疑或反感，从而失去购买的兴趣。

五、商铺招牌设计风水

　　企业、店铺发展如何，除经营者本人的学识、能力、社会关系等因素外，还与是否有一个恰当的招牌密切相关。

　　经营者都愿意通过改善店铺的外观与格局，使得店铺生意昌隆、财源滚滚，而首要的一点就是商铺的名称是否合适响亮、招牌的位置色彩是否理想。因此，店铺招牌虽然只是一个符号，对于一个商业机构来说却是相当重要的，因为它代表了店铺的形象和口碑。如果招牌的名称充满了朝气，那么就会给人以蓬勃向上的心理暗示。

1. 商铺名称风水

　　一个合适的店名能够提高商铺的档次，还可起到趋吉避凶的效果。反之，如名称含义不雅，就会造成事业受外力影响，让经营者无暇顾及自己经营之事业，最后会因管理不善而造成经营之损失；铺名与经营项目不符，则会造成生意清淡，无人问津；如名称悬挂不明显，则造成虽生意尚可，但利润微薄；商铺起名与周围环境不符，则会造成与邻里关系不睦，易发生纠纷，从而影响正常经营。所以商铺的名称起的好坏对商铺的经营是至关重要的。

　　商铺取名不仅要响亮，而且要有一定内涵。取名响亮上口，才能流传快而广。如"金利来"这一商标，当初按英文直译为"金狮"，香港话中狮与输比较相近，人一听是"尽输"，就自然对这一牌子躲之不及。后来曾宪梓灵机一动用音译与意译结合的方式，把"GOLD LION"翻译为"金利来"，又响亮又吉利，产品的销量明显上升。这个例子说明了取名的重要性。有的商铺在取名时有夸大之词，本来也可理解，但如果说得太满，反而适得其反。比如一家"全都来"饭庄，本来寓意高朋满座、财源滚滚，但由于质量问题，客人并不多，人们一看招牌，认为你想"钱都来"，偏不给你送财。况且试想钱都到你那里去，同行的饭店赚什么？这样的名字会在同行里得不到好的口碑。中国人说"月盈则亏"，就是说凡事都得求进一步发展的空间，不能太满。那么取名有什么原则呢？

（1）不同行业名称不同

根据五行相克的道理，行业种类不同，其五行配置也不同，取名时要注意。五行属金的行业可以带金字、金旁，如：五金首饰、珠宝金行、汽车交通、金融银行、机械挖掘、鉴定开采、司法律师、政府官员、职业经理、体育运动等。

五行属木的行业可以带木字、木旁，如：文化出版、报纸杂志、文学艺术、演艺事业、文体用品、辅导教育、花卉种植、蔬菜水果、木材制品、医疗用品、医务人员、宗教人士、纺织制衣、时装设计、文职会计等。

五行属水的行业可以带水字、水旁，如：保险推销、航海船务、冷冻食品、水产养殖、旅游导购、清洁卫生、马戏魔术、钓鱼器材、灭火消防、贸易运输、餐饮酒楼等。

五行属火的行业可以带火字、火旁，如：易燃物品、食用油类、热饮熟食、维修技术、电脑电器、电子烟花、光学眼镜、广告摄影、装饰化妆、灯饰炉具、玩具美容等。

五行属土的行业可以带土字、土旁，如：地产建筑、土产畜牧、玉石瓷器、顾问咨询、建筑材料、装饰装修、皮革制品、肉类加工、酒店经营、娱乐场所等。

（2）寓意要与所经营产品协调

这样给客户的感觉就深刻一点。像"精工"表，"精工"特别能道出一种孜孜不倦的追求态度，一读就能感到这种产品一定质量可靠；"可口可乐"，这个中文名比英文名更能让人体会饮料让人精神一振和活力无限的意味；"大真大"外贸店，一听就知道是为身材丰满高大者置衣的场所，不仅形象，而且亲切。

中国语言又不同于其他外语，是音形义三者的结合，取一个好名字，应以字之理为体，以数为用。其中"理"又包括字的"义、形、音"，如"健"字，就是健康、壮实，有大丈夫的阳刚之气，这就是义；"健"字，又像一个人，正在犁地干活，这就是形；"健"字读起来，铿锵有力，这又是音。还要试着用各种方言读一下，千万不要取一些谐音意义比较糟糕的名字。

（3）铺名要有亲和力

如果是一些小型的店铺，取名时应尽量平易近人，像一些理发店、花店、洗衣店、缝纫店等，店名不如以店主的名字来命名，这样感觉亲切、随和。也可以根据所经营项目进行命名。

（4）铺名要有回旋余地

就是说不要太满。谨慎用那些标明第一、最好、无敌之类的话来标榜粉饰。

（5）商铺取名方法

商铺取名，从自己产品的性质出发，要用积极的字眼，表达自己的追求。据说，当年晋商经营中国最早的银行时，老板雷履泰想为票号取一个好名字，想了好久，也没有想出。晚上做梦，梦见太阳入怀，一屋光辉。第二天他就想出了一个名字："日昇昌"。几个太阳叠加起来，义喻事业如太阳一样上升发达；发音阴平，四平八稳，洪亮上口。从音形义上说，都具备了很好的基础，给人丰富美好的想象。

取名的方法有很多，下面我们简单介绍一些：

借用人名和地名的取名法。比如张小泉剪刀厂、陈星记扇厂等，都是用人名为厂名，让人感觉到很实诚。记住厂名不要让人有负面的联想是最基本的，厂的牌子是做出来的，靠沾名牌的光去用谐音、字形接近等手段来仿造，结果只会惹起纠纷。

借用典故。比如古代诗人杜牧有诗"借问酒家何处有，牧童遥指杏花村"，名为杏花村的酒厂如雨后春笋般出现。又如杜康酒厂，就是借了曹操的"何以解忧，唯有杜康"两句诗中的酒仙杜康的大名。

迎合大众心理。吉祥如意、长寿一向是中国人的衷心祝愿，所以用吉祥主题来作为商铺的名字是一种好办法。比如"喜洋洋大酒店"、"缘来婚礼公司"等，都符合中国人的心态。

2. 商铺商标风水

一个成功的标志会把人的感觉和心理都引向产品品质，传达出企业和产品的不俗内涵。美国的拉斯维加斯能够从一个沙漠小镇变成一个赌博业的中心、一个繁华的城市，正是依靠了那些炫目的霓虹灯和有识别力的标志。

好的标志是建筑中的一个重要部分。标志要醒目、吸引人，所以在色彩形式上都有要求。有的商业机构，名称与商标并不一致。据调查，62 个全球超级大品牌中有 22 个是以其公司名称冠名的，其他品牌则是利用了多重品牌策略在消费者心目中树立起强大的全球超级大品牌的形象。像宝洁公司仅洗发用品，就有海飞丝、沙宣、潘婷、飘柔和伊卡璐五个品牌以满足不同人群需求；高丝公司旗下又有高丝莱菲、妍皙等品牌。所以商标的使用既要和公司有一致性又要有不同的开发。

●商标的取名要点

一个商标是否具有可挖掘的潜能实际上是是否有亲和力的问题，这个亲和力是指在个性特征的基础之上，能让人们乐意接受、传播。所以取名时特别要注意的是：

（1）商标要具有独特性

商标是一种商品区别于其他商品的标志，要求具有独创意义，力避雷同，让人一目了然。

比如上面所说的同是宝洁公司的海飞丝、沙宣和伊卡璐。海飞丝定义为海洋精华，沙宣定义为动感时尚，伊卡璐定义为天然草本精华，所以人们一听到、看到设计时会联想到的事物是不一样的。这就是每种商标与其他商标的不同。从字理上看，前两者更带有阳性的气质，后者有阴柔之美。海飞丝水的属性强一点，沙宣金的属性强一点，伊卡璐木的属性强一点，所以各种品牌有不同征服对象和适合人群。企业标志要足够独特、足够醒目。图形标志较之品牌标准字（企业中英文名称）更易引起消费者的注意，更直观，更易令人与产品联想在一起。

（2）商标要具有积极性

一个好的商标总会让人有积极的思考。像老年用品突出健康长寿，女性突出温柔，男性突出阳刚之气，青年人突出活泼。特别是商标的颜色，一定要和行业相符，积极向上，作为企业形象中重要部分的企业标志，是视觉系统中所起作用最大的部分。如果不能突出自己的特色，则失去了宣传自己的作用。

（3）商标要具有统一性

商标名称与公司其他形象应具有质的一致性，不能自相矛盾。像绿城房地产公司，在承建的每一处房产前面都冠以"绿城"两个字，整齐和谐，一目了然，使购房者对这个地产公司的实力刮目相看，对它的质量提前有了认识。而另一些地产公司则缺乏这种统一性，整体的力量没有显示，削弱了自己的实力。

（4）商标要具有专有性

一个商标必须拥有自己专有的概念，才能在市场中标新立异。像一些

集团现在纷纷延伸至其他领域，必须找到内在的连续性，否则会失去优势。取名时可按照行业的性质，找到对应的文字和样式。

（5）商标要具有传播性

商标名称简明、清晰、易写、易记，是传播的必要条件。像"娃哈哈"，从一首儿童歌曲中化出，指向非常明确。分析其音节，都比较急促，象征一种蓬勃跳跃的力量，所以深受消费者喜爱。在"三菱"的所有标志中就数其图形标志最成功，这个图形标志有令人震惊的"独特、醒目"的特点，特别是中国人，可能对其通用标准名称"MITSUBISHI"能准确记住的不多，但"三菱"的三个红色菱形却能记忆深刻。

（6）商标要注重消费心理

如"安踏"旅游鞋，会使消费者联想到穿鞋时的舒适；"健力宝"饮料，则给人一种蓬勃向上的想象。

标志尽量用方形和圆形的符号，或者代表上升意义的尖形符号，其他尖利的、向下的符号尽量不要使用。

●商标的设计原则

商标是音图字色义的组合，一个好的商标具有无限增值的潜能。有研究说，可口可乐一个商标的价值就值几十个亿，这很能说明道理。有的企业不惜重金征集好的商标标志，就是这个道理。例如泛美航空公司现用的标志，就是花58万美元征集来的；埃克森（EXXON）石油公司的更名费用竟高达1亿美元。

（1）商标的文图结合要有新意，要醒目

"红桃K"公司花钱征集来的标志图形很怪，它并不是扑克牌中的"红桃"，而是用毛笔写成的巨大的红色逗号，相当醒目。又如"李宁"的"L"形标志也可以说与耐克公司的标志差不了多远，极为醒目，为"李宁"成为国际品牌铺好了坚实的基石。

如果图形标志与标准字结合使用的效果好于单独使用标准字时，应该保留图形标志或改进图形标志。法国电信业老大阿尔卡特的标准字"ALCATEL"并不怎么样，单独一个"▲"也不怎么醒目，但将标准字中的第二个"A"用"▲"代替，再将两者组合在一起，却形成了独特的视觉效果，很醒目、很独特，其效果远远好于单独使用"ALCA-TEL"。

欧米茄手表在做宣传时一般都把"Ω"和"OMEGA"放在一起。单独一个"Ω"已经足够醒目，单独一个"OMEGA"也十分不错，两个标志经常放在一起宣传，使消费者紧紧将"Ω"这个图形标志和"OMEGA欧米茄"联系在一起，其效果也显然好于单独宣传"OMEGA"。

（2）色彩要吉祥

色彩要根据行业的性质定。如"科龙"新标志最成功之处就是时代感很强的"KELON"，标准字中的字母"K"上红色的一撇，与背景色蓝色和标准字主色黑色形成很大的反差，极为醒目。又如肯德基的大红背景、百事可乐的红蓝线条、麦当劳的金色拱门。

●商标的取名禁忌

在为产品取名时，一定要有雅俗共赏的良好心态，不能过高过大地吹捧自己，也不能含义不清、令人费解。

（1）商标取名忌用冷僻字

有的企业为了标明自己独树一帜，想了一些冷门的字眼，殊不知产品面对的是普通大众，要照顾到大众的知识水平，如果大众不认识，就会在购买时故意避开这个牌子，反而影响销售率。

（2）商标取名忌字意不吉

如果商标取名字意不积极，或者不吉利，那么会让人对这一产品敬而远之，比如有的妇女用品厂用"怡红"的商标。在《红楼梦》中怡红院本来是贾宝玉的住处，富贵之极，但是后来很多妓院都用了这样的名字，想来一般妇女对这样的牌子的用品避之犹恐不及，更不用说买了。

（3）商标取名忌字意隐晦

有的企业会选用一些深奥的字作企业名字，却不知道这样也会削弱大众对它的兴趣。过于隐晦的商标不仅会让人理解上有问题，而且在这个快节奏年代很少会有人咬文嚼字查字典，根本不知道商标的内涵，所以意思就传达不到顾客那里。

3. 商铺招牌制作风水

招牌代表了企业精神的内核，所以必须在视觉上是稳定的，效果是醒目的。招牌的文字应该清晰易读，颜色应该鲜明正确，而且必须和谐。

●招牌的尺寸

在商铺的外观设计中，招牌是最重要的。招牌是一个商铺的标志，是为宣传所经营商品的内容、质量和特色而设计的。商铺的招牌可分为大、中、小。最大的一种称为冲天招牌，这种大型招牌一般都会安装在商铺的房檐上方，有的面积很大，比较夸张，多数为大型餐厅饭店或娱乐城所用。一般商铺大多会用中型的招牌，而商场内的商铺大多使用较小型的招牌。招牌的大小要根据商铺的大小和所经营的项目来决定。例如有的商铺不大，却安装了很大的招牌，给人一种头重脚轻的感觉；相反，有的商铺很大，却安装了很小的招牌，同样也不协调。尺寸大小要和建筑物的高度相对应，而且比例和谐。比如说招牌的长度为 88 厘米，那么它的宽宜为 81 厘米。下面就是一些和谐的尺寸（单位：厘米）：

宽	18	20	22	24	38	40	42	48	62	86	88	100	108	128
长	19	21	23	25	39	41	47	61	67	69	81	125	125	145

●招牌的颜色

招牌要选用三或五种颜色，在我们的习惯中，三和五是代表了向上奋进的意思，两种或四种颜色是不理想的。颜色与方位的对应如下所示：

颜色	宜方位	不宜方位
白　红　绿	东南、西北	东、南、西、北、东北
白　绿　黄	南	东、东南、西南、北、东北
白　红　紫	南、东南	东、北、西南、西、东北
白　绿　红	东南、北	东、西南、西、西北、东北
红　黄　紫	南、东北、西北	东、东南、西南、北
黄　白　红	西南、西、东北、西北	东、西南、南

●招牌的外观

招牌的材料选用要根据行业的要求，做到和周围视觉上的统一。按规格，商铺的招牌可分为大中小三类，大者俗称"冲天招牌"，是一块长方形大木板，垂直竖立在商铺一侧的前方，高出铺面房檐；中者是在长方形木板上书写商品的特色、质量，竖挂在店门两侧，字迹简单清楚，一目了然；小者木板造型小巧玲珑，悬挂在房前屋檐下，上面书写商品名称，在于介绍所经营商品，宣传商品的特色和质量，以达到推销商品的目的。招牌的制作一定要新颖美观，文字的书写一般也应采用与匾额一样的方正楷书，不使用一般人难以识读的草书和行书。介绍商品的文字要求简明扼要，通俗易懂。为了生动形象起见，可在招牌上使用多颜色的字体，还可以在招牌上贴商品宣传广告画，使之更具吸引力。

为了使商铺的匾额和招牌真正起到装饰商铺和宣传所经营商品的作用，最基本的一点是要求匾额和招牌上的字使用正确，在书写时不能写错别字，否则会引来路人的非议，影响商铺的声誉。

（1）视觉上要求美观

首先在尺寸上要有平衡之感。我们知道根据黄金分割制成的长方形比例是最好的，只有平衡的尺寸才能让人觉得可信。在形状上，可以选用一些圆的、椭圆的造型，但是不要选用三角的形状，这种形状是不安全的。

中国人喜欢请书法家来题写招牌，那么就要注意，字一定要让人看得清楚。除非是很艺术性的场所，否则不宜用过于潦草的字。太有个人风格的字也要谨慎使用。

招牌要与建筑物相配，和周围环境协调，这也是很重要的。同样是饭庄，在风景区内用的招牌和在闹市区用的招牌应该有些不一样，因为两者处于不同的场所，要起到的效果是不一样的。

招牌的大小还得当心不要影响室内光线和窗户的打开。

（2）安装要求可靠

招牌成年累月挂在室外，日晒雨淋，所以特别要在材料上和安装上当心。不要使用太软的木质，否则日子一久会变形，表面变得粗糙；也不要使用太重的材料，大多招牌都是挂在室外，如果用很重的材料，比如石材，会引起意想不到的事故，而且石材也不合适做招牌。在安装时，选用优良的材料，把它固定在墙上和其他坚实的表面之上。

● **招牌的挂置**

招牌挂的位置是有象征意义的，所以在挂置时需要有特别的要求。

东：像旭日一样东升；

东南：含有高的意思，挂得太高会掉下来；

南：象征事业已经到达高峰，所以不要挂得太高；

西南：不能挂得太高，挂在 6 米的高度是最高的了；

西：需要悬挂高度适中；

西北：挂得必须平衡，可以适当挂得高一点；

北：可以挂得高一点，但要坚固；

东北：要挂得低一点，避免不牢固。

第五章
商铺室内装饰风水

经营者要想使自己的商铺成为风水好、财运佳的铺面，除了要考虑商铺选址问题外，还要在室内装饰布局上下工夫。因为只有合乎风水布局的商铺装饰，才能使商铺人气聚集，财运不断，成为真正的风水宝地。因此，本章在室内环境策划以及地板、墙壁、天花、柜台设计等方面提供了有效的、科学的室内装饰风水知识，可供您参考。

一、地面装饰风水

地板在图形设计上有刚柔两种选择。以正方形、矩形、多角形等直线条组合为特征的图案带有阳刚之气，比较适合经营男性商品的商铺使用；圆形、椭圆形、扇形和几何曲线形等曲线组合为特征的图案，带有柔和之气，比较适合经营女性商品的商铺使用。

地板的装饰材料一般有瓷砖、塑胶地砖、石材、木地板以及水泥等，可根据需要选用。主要应考虑商铺形象设计的需要、材料费用的多少、材料的优缺点等因素。应对各种材料的特点和费用有清楚的了解，才利于作决定。

瓷砖的品种很多，色彩和形状可以自由选择，有耐热、耐水、耐火及耐磨等优点，并有相当的持久性；缺点是保温性差，对硬度的保有力太弱。塑胶地砖价格适中，施工也较方便，还具有颜色丰富的优点，为一般商铺所采

用；缺点是易被烟头、利器和化学品损坏。石材有花岗石、大理石等，还有一种是人造大理石，都具有外表华丽、装饰性好的优点，在耐水、耐火、耐磨性等方面为其他材料远不能及，但由于价格较高，所以只有在营业上有特殊考虑时才会采用。木地板虽然有柔软、隔寒、光泽好的优点，可是易弄脏、易损坏，故对于顾客进出次数多的商铺不大适合。用水泥铺地面价格最便宜，但经营中高档商品的商铺不宜采用。

二、天花板装饰风水

经营者要知道，商铺的天花板设计不只是把商铺的顶部一些不雅观的部分遮蔽起来创造室内的美感而已，还要与空间色彩、照明等相配合，以形成优美的购物环境。

首先，天花板的设计首先要考虑高度问题。如果天花板太高，上部空间就太大，使顾客无法感受到亲切的气氛。反之，天花板过低，虽然可以给顾客亲切感，却会使店内的顾客无法享受视觉上、行动上舒适自由的购物乐趣。天花板的高度要根据商店营业面积决定，宽敞的商店应适当高一些，狭窄的商店应低一些。

一般而言，一个 10～20 平方米的商店，天花板的高度在 2.7～3 米，可以根据行业和环境的不同适当调整。如果商店面积达到 300 平方米，那么天花板的高度应在 3～3.3 米；1000 平方米左右的商店，天花板高度应达到 3.3～4 米。我国不少商店对天花板的高度重视不够，有的小商店天花板很高，又不进行装饰，使上部空间显得空荡荡的，这非常影响商店的美观，应当设法改进。另外，天花板的颜色也具有调整高低感的作用，因此，有时并不需要特别把天花板架高或降低，只需改变颜色就可以达到调整高度的效果。

其次，是天花板的形状问题。天花板一般以平面为多，但在其上加些变化，对顾客的心理、陈列效果、店内气氛都有很大影响。

141

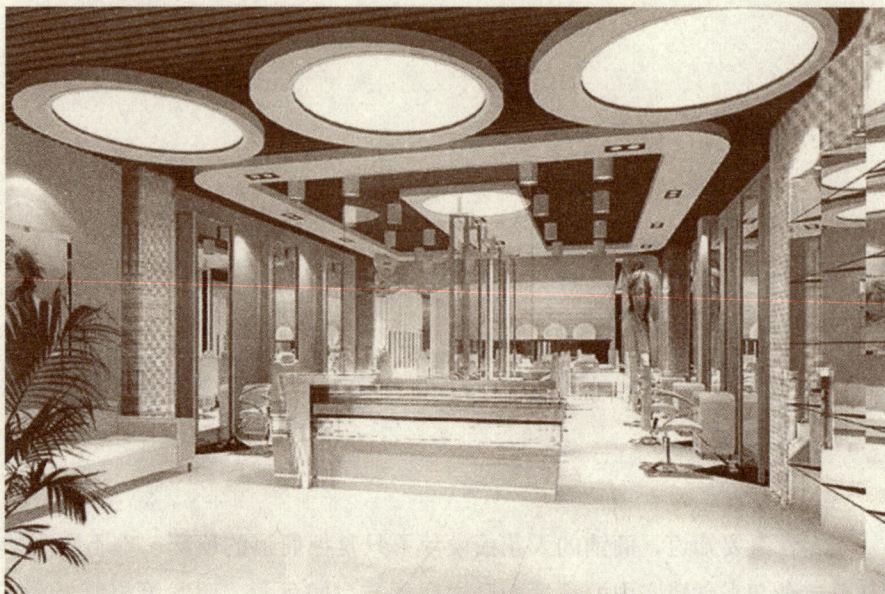

　　最后，是天花板的照明设备。天花板应与一定的照明设备配合，或以吊灯和外露灯具装饰，或以日光灯安置在天花板内，用乳白色的透光塑胶板或蜂窝状的通气窗罩住，做成光面天花板。光面天花板可以使店内灯火通明，但会造成逆光现象，如与垂吊灯具结合，则可克服这个缺点。

　　关于天花板材料的种类有很多，如各种胶合板、石膏板、石棉板、玻璃绒天花板、贴面装饰板等。商铺装修时选择哪一种材料，除了要考虑经济性和可加工性两个要求外，还要根据商铺的特点，考虑防火、消音、耐久等要求。其中胶合板是最经济和方便的天花板材料，但其防火、消音性能差；石膏板有很好的耐热、消音性，但耐水、耐温性差，经不起冲击；石棉板不仅防火、绝热，而且耐水、耐湿，但不易加工。所以，经营者要根据店铺的性质进行材料选择。

　　另外，在装修时，也可以不用各种装饰板，直接用涂铺法将各种材料粘在底部然后喷漆。

三、墙壁装饰风水

壁面作为陈列商品的背景，具有很重要的作用。商店的壁面在设计上应与所陈列商品的色彩和内容相谐调，与商店的环境和形象相适应。利用方法一般有以下四种：

（1）在壁面上架设陈列台，用以摆放陈列商品。

（2）在壁面上安置陈列台，作为商品展示处。

（3）在壁面上做简单设备，用以悬挂商品及布置展示品。

（4）在壁面上做一些简单设备，作为装饰用。

上述各种方法中，第一种方法多为食品店、杂货店、文具店、书店、药店等商铺所采用；第二、第三种方法多为各类服饰店、家用电器店所采用；第四种方法则为家具店等主要在地面展示商品的商铺所采用。

壁面的材料也和天花板一样，有许多种类，但比较经济的是纤维板上粘贴印花饰面，这样具有便于拆卸改装的优点。

四、柜台货架装饰风水

商铺的柜台主要有收银台、货柜和货架。收银台是钱财进出之地，而货柜和货架则是商场的主物质设备。

因此，它们的设计是否符合风水要求就显得尤为重要了。在设计上，收银台的高度应适中，位置摆放应符合人们的行走习惯，货柜和货架设计应以实用、牢固、灵便为原则，尽量为顾客选取商品提供方便。

1. 收银台

作为商场钱财进出之地，风水学上说商铺收银台应设在虎边（人站在室内往大门方向看去的右边就是虎边），也就是在不动方才能守住入库的钱财；不可设在流动性大的龙边，否则不利财气。

其实，这是为了符合人靠右行走的习惯，从里面出来时正好是虎边付账处。柜台在不动方如果正好是玻璃，则应该把这一面玻璃加以遮盖，可以安装窗帘或用装饰板遮起来。

收银台高度要适中，过高有拒人于外的感觉，过低又有不安全感。适当的高度是110～120厘米。收银台不可有电炉、咖啡壶之类的电器，古说易生灾难及口舌，按常理来分析，其实是收银台处一般会有现金和账簿，万一发生火灾首先被波及，当然不好。放钱的保险柜应隐秘，不可被人看到，但小额的收银机不受此限，因为当天打烊结账后，就将收入放到保险柜里，所以比较重要的是保险柜。餐饮业进门处的收银台旁，不可设水龙头和冲洗槽。

2. 货柜

货柜有不同构造形式和规模，货柜设计既要求实用、牢固、灵便，便于营业员操作、消费者参观，又要适应各类商品的不同要求。普通货柜一般长为 120～130 厘米，宽为 70～90 厘米，高为 90～100 厘米，陈列的商品应使顾客更直观地看到商品。货柜的制造材料，有玻璃、木材、金属、塑料等，工业消费品一般以玻璃柜台为主。玻璃柜台一般有全玻璃柜台、半玻璃半木制柜台和半金属半玻璃柜台，构造形式多种多样；设计和使用玻璃货柜应注意防尘、防磨损、并便于清扫擦拭。通用货柜制作成本低、互换性好、实用方便，但是，在布置商品陈列时，总使人感到单调、呆板、缺少变化。为了使商品陈列布置得美观且富于变化，很多商场采用了异形货柜，包括三角形、梯形、半圆形以及多边形柜台。布置陈列商品时利用异形货柜组合，不但可以合理利用营业场所面积，而且可以改变普通柜台呆板、单调的形象，并增添活泼的气氛，使商场营业现场表现出曲线的韵律。

采用异形柜台时，要注意因地制宜，结合商铺室内格局布置安排。一般来说，三角形柜台放置在商铺的角落位置，既节省面积，又能满足像饮料、食品、日用百货等商品的出售要求。众多的三角形柜台还可排成半圆形、圆形或扇面形，给商铺室内的总体布局带来美感。梯形柜台主要是为改变柜台与柜台之间衔接的生硬而设计的。在拐角处，普通柜台之间衔接成90度，显得生硬，且不安全，如果采用梯形柜台，则柜台的衔接比较自然，而且使营业面积能够得到有效利用。

半圆形柜台是为了充分利用营业面积以展示商品，使顾客充分看到商品全貌而设计制作的。多边形柜台是根据营业现场情况填补陈列商品的空档，或者为了沿起伏变化的营业场所边线而设计制作的。采用异形柜台的，要严格设计，计算好尺寸，按要求定做，必要时，还应考虑到几类柜台的互换性。

3. 货架

货架是用做陈列和放置备售商品的设备。货架也有不同的构造形式和规格，有单面货架、双面货架，单层货架、双层货架、多层货架，金属货架、木制货架等，货架下层和背面可以用来储备商品。货架设计应以便于保持陈列商品整齐清洁、美观大方、易取易放，并能充分显示商品特点，保证正常销售需要为原则。宜根据商品特征、规格、正常储备量、营业场所的建筑条件和售货现场等来设计不同的货架规格和构造形式。柜台货架规格不宜过大，否则不易于搬动、组装。货架一般高为180～190厘米，宽为60～70厘米。一般货架上面有三至四层，下面多设一个拉门，便于储藏商品。

近年来，国内许多商店对商场的货架进行了更新改造，不但用材多样化，而在造型方面也有新的变化。过去制作货架的材料主要是木材和玻璃，现在已逐渐让位给新型的铝合金材料。

五、商铺装饰风水宜忌

按风水学的说法，光洁舒适就是有生气，反之，就是死气。商铺的光洁舒适感，主要来自于两个方面：第一来自地面，第二来自墙面。因此，在对商铺室内进行装饰时，这两方面的风水宜忌应是您重点考虑的因素。

1. 宜通风顺畅

风水讲究房屋的纳气和气的流动。商铺是一个人员密集的区域，是一个商品堆积的区域。因而需要纳入新鲜的空气，也需要厅堂内的气体流动。气体流动可以驱走浊气，带来新气；气体流动可以带走湿气，带来干爽之气。

风水的"纳气"与"气的流动"，在一定的意义上，都可以理解为通风透气。商铺的通风透气，对商品的保管和交易都是有好处的。所以，使商铺通风透气，是商铺装饰时要考虑的重要原则之一。

要使商铺纳气，即让大自然的新鲜空气进入商铺，在装修时就要注意留有空气的入口和出口。一般来说，商铺都有一个敞开的大门，空气的进入不成问题。有以下几种情况，也不必另辟空气的出口。

（1）两面开门的气流走动，不用另辟空气出孔。

（2）三面开门的气流走动，不用另辟空气出孔。

（3）如果商铺是开一面墙，而且为扁平形状，气体的进出很流畅，也不用另辟出气孔。

（4）扁平状单开门的气流走动，不用另辟空气出孔。

但是，如果单开一门的商铺呈长方形，而且除门以外，也没有另外的窗户，就要在与门对应的另一方开一个出气孔。因为，此时的空气流动只在房屋的前一部分，后一部分的空气仍静止不动。风水学认为，这静止不动的气就是死气。在与门对应的方位开一个空气通道，就可以让这死气变活，形成前后空气的对流。

要使商铺做到通风透气，则还要注意商铺内用具的摆设。摆设整齐的用具，可以使空气在流动时不受阻碍，反之就会扰乱厅堂内的气流，造成一部分淤积不动的死气。因此，为了避免死气的产生，用具的搭配，摆置的方向、位置都要整齐，尽量少采用阻碍气体流动的横式摆放。

在商铺存放的货物间也要留有空道，这样才便于空气的流动，便于排出湿气，便于货物的检验提存。按照风水学的说法，这样会使四周都有生气保养。

风水阳宅的纳气之说，其中包含有常见的关于人生吉凶祸福的迷信色彩，但其要求调整气流、保证室内空气流通，达到阴阳平衡的内容，具有积极的意义，也符合客观的实际，可以用来指导改良商铺内的空气，用来规整用具与商品的摆设，从而形成一个良好的经营空间。

2. 忌阴暗与潮湿

阴暗和潮湿是不利于人类生活的两种环境。在风水学中，阴暗和潮湿被看做是一种煞气，对商铺的经营和管理不利，要尽力加以避免。商铺在装修时，要解决阴暗的问题就得根据空间面积的大小、设计安装灯的盏数和位置来定。商铺的灯光效果要满足以下四点：

（1）光线充足，使顾客在十米之内能清楚地看到物品。

（2）光线分布要均匀，不能左明右暗，或者是东明西暗。

（3）所装置的灯发出的光与色要和谐，避免出现眩光。

（4）要避免灯光同一些具有反光性质的装饰品产生反射光线。

在考虑解决商铺的潮湿问题时，有三个方面的问题要检查。

首先，检查商铺的通风透气状况是否良好。商铺在通风情况不好时，停滞在室内的静气就会变成湿气，湿气的凝聚就形成为水珠，成为潮湿的水源。

其次，检查商铺的地面是否平整和洁净。商铺的地面凹凸不平，就会藏污纳垢，这些污垢不清除，也会产生湿气，成为潮湿水气的又一来源。

再次，在春夏之季，应检查商铺的地面是否有回潮现象。这种因季节变化产生的回潮现象，虽然持续的时间不长，但湿气最重，因而对商品的损害也就最大。

要解决商铺潮湿问题，可想方设法使其保持良好的通风透气，或加开窗户或增加排气孔，或清除店中的多余杂物，或使物品与用具摆放整齐，等等，使店内的气流通畅，从而带走湿气。另外，应设法保持商铺地面平整光洁，并经常擦扫，使地面永远保持干爽清洁状态。

避免商铺阴暗和潮湿，使其保持明亮清爽，也是为了造就一个良好的经营环境，从而使商铺获得良好的经营效果。

3. 宜光洁舒适

按风水学的说法，光洁舒适就是有生气，反之，就是死气。商铺的光洁舒适，主要来自于两个方面。

（1）来自地面。可以说，地面是顾客踏入商铺得到的第一感觉。要使商铺地面光洁，在装修时，首要的是选择表面光洁、方正、质量好的地板砖，以便做到铺设整齐，并且经久耐用，方便擦洗。

对地面的装饰，就是对生气的凝聚。地面生气强弱，除了与地板砖表面的光滑明亮度有关外，还与地板砖的颜色有关。颜色对于风水来说，具有象征性的意义。一般而言，红色代表富贵吉祥，绿色代表长寿，黄色代表权力，蓝色代表幸福，白色代表纯洁。颜色的这种象征含义也反映了普通大众对颜色的喜好。因此，可以将其作为选择地板颜色时的参考。

（2）来自墙面。顾客进入商铺，举目看到的就是商铺的四周墙面。

要做到墙面光洁舒适，首先就得对墙面进行修饰。石灰、涂料、墙纸（最佳为清淡之色）、墙砖、面板等都是常用的墙面装饰材料。不论是哪一种材料的装饰，一定要保证墙面颜色的明亮，因为明亮的颜色才会给人带来光洁舒适的感觉。风水学认为，明亮就是生气。

商铺的厅堂总免不了要牵线挂灯，为了保证墙面的整洁，要求在铺设灯线时，走线要直，要整齐划一，避免灯线乱窜，不然会破坏风水。当然，能把灯线布于墙体之内是最好不过的。

要做到商铺墙面光洁，还要注意在日常工作中不得乱涂乱画，或者随意往墙面上洒泥水、墨汁等污迹，或者是贴一些不规整的标语和广告，这些不规整的污迹，会使人感到不舒服。

有了一个光洁舒适的经营环境，就能赢得顾客，就能赢得良好的经营效益。

4. 其他注意事项

商铺内的装饰和设计，还要注意以下几个问题：

（1）总服务台应设置在显眼处，以便顾客咨询。

（2）商铺内的布置要体现出一种独特的与商品适应的气氛。

（3）商铺中应尽量设置休息之处，备好座椅。

（4）充分利用各种色彩。墙壁、天花板、灯、陈列商品组成了商场内部的总环境，不同的色彩对人的心理刺激不一样，以紫色为基调布置显得华丽、高贵，以黄色为基调布置显得柔和，以蓝色为基调布置显得不可捉摸，以深色为基调布置显得大方、整洁，以白色为基调布置显得毫无生气，以红色为基调布置显得热烈。色彩运用不是单一的而是综合的。不同时期、不同季节和节假日色彩运用不一样，冬天与夏天也不一样，不同的人对色彩的反应也不一样。儿童对红、橘黄、蓝、绿的反应强烈，年轻女性对流行色的反应敏锐。色彩使用得当，可以把商品衬托得更完美，同时可以把商品的缺陷掩盖。

（5）铺内最好在光线较暗或微弱处设置一面镜子。这样做的好处在于，镜子可以反射灯光，使商品更鲜亮、更醒目、更具有光泽，还可造成一种空间增大了的假象。

六、商铺装饰风水与五行

　　店面的装潢要充分考虑与原建筑风格及周围店面是否协调，"个别"虽然抢眼，一旦使消费者觉得"粗俗"，就会失去信赖。店面装饰要简洁，宁可"不足"，不能"过分"，不宜采用过多的线条分割和色彩渲染，免去任何过多的装饰，不要让客户感到"太累"。

　　店面的色彩要统一协调，不宜采用任何生硬的强烈的对比色。招牌上字体大小要适宜，过分粗大会使招牌显得太挤，容易破坏整体布局，可通过补底色来突出店名。店名要简明易懂，上口易记，除特殊需要外不要使用狂草或外文字母。

　　店外的灯箱、布告板、宣传栏要遵守交通法规或城管条例。如果忽视了对商品特点的展示，即使再好的商品也会遭到冷遇。使顾客显而易见地看出每件商品的特色，是十分重要的陈列技巧。

　　商店装潢有不同的风格，大商场、大酒店有豪华的外观装饰，具有现代感，小商场、小店也应有自己的风格和特点。

　　在具体装潢上，可从以下两方面去设计：

　　（1）装潢要具有广告效应，即要给消费者以强烈的视觉刺激，争取在外观上别出心裁，以吸引消费者。

　　（2）装潢要使人能结合商品特点加以联想，新颖独特的装潢不仅刺激消费者的视觉，更重要的是使消费者没进店门就知道里面可能有什么

东西。

装修所选用的材料和人的健康相关甚密，材料与五行有着对应的关系。

木纤维草类：人们习惯用草席等天然制品，它们具有阴凉之感，平时要注意定期清洗。

竹藤柳：这类天然制品属木，阴性，会减缓气的流动，让人有阴凉之感。

木材：木材在房屋结构中起到重要的作用，通常做房屋的框架和地板。木来自大自然，所以本身带着阳性，能引导气流的顺利通过。

棉麻织物：这类织物让人感觉舒适，通常用于覆盖物和窗帘。

石料：如果是粗糙的就属阴性。大理石有水的流动性。

金性材料：钢、铬和其他金属，可以使气快速流动，所以具有金属和水的双重属性。

火性材料：塑料与人工的材料属火，因为它们一般经加热制成。

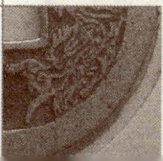

第六章
商铺旺财布局法

聚集人气、招进财气，是经营者经营商铺的最终目标。那么，如何使自己的商铺能够人气更旺，从而财源广进呢？本章将简单介绍几种风水学认为聚气旺财的有效方法，希望能帮助您营造更好的商铺风水，聚集更多的人气，获得更多的财运。

一、"三流"布局法

这里的"三流"是指水流、车流、人流。风水学讲求阴阳，水流属阳、属柔、属虚，而商铺属阴、属实、属刚，以商铺迎取来水，便是旺财铺。

水流为流动之气，车流、人流亦属于流动之气，故商铺最好选择在水流停聚之处，如码头等；选择车流停留之处，如停车场、地铁站、火车站；人流则需看其来去。

经商的风水必须收得水流、车流、人流方能旺财，没有三流，生意则难以开展。

如果一个地方已经车水马龙、水泄不通，那这个地方的租金亦会十分昂贵，未必每个希望经商的人都能够负担。其实，除了那些非常繁忙的商铺外，亦可以选择一些旺中带静或静中带旺的商铺。

157

二、财位布局法

　　所谓"财位"，风水学有不同说法。有人认为财位在大门的斜角位，有人认为财位在房内的三白位，即一白、六白、八白三个飞星位。

　　"财位"对事业的发展有锦上添花的效果，也是人们最关心的风水基准，所以大多数人很讲究财位上的物品效应。一般而言，财位是在进门的左前方对角线上，此处必须很少走动，不能作为通道，否则影响财运。

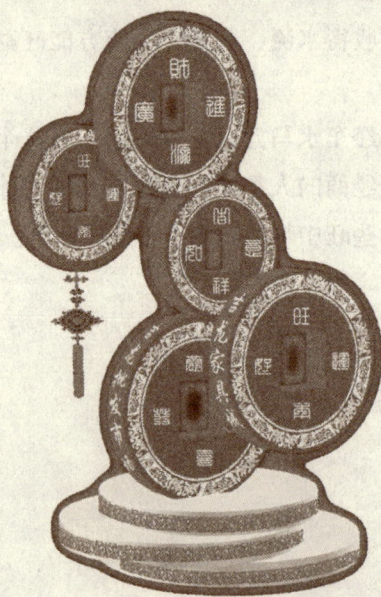

如果左前方财位刚好是一个门，就要换成右前方的财位。有些房子因格局或设计关系而找不到财位，或是刚好在财位的角落是大柱子凹进来，都属风水不佳，最好是运用走道隔间，造出一个财位。

1. 财位三宜

（1）财位宜上

财位是旺气凝聚的所在地，若在那里摆放一些寓意吉祥的物件，如福、禄、寿三星，或是文、武财神的塑像，便会吉上加吉，有锦上添花的作用。

（2）财位宜亮

财位宜明亮，不宜昏暗。明亮则生气勃勃，故此财位有阳光或灯光照射，对生旺位大有帮助。

（3）财位宜生

所谓"生"，是指生机茂盛，故此应该在财位摆放绿色植物，尤其是以叶大或叶厚的黄金葛、橡胶树及巴西铁树等最为适宜。但要留意，这些植物应用泥土种植，若以水来培养则不宜。财位不宜种植有刺的仙人掌类植物，否则便会弄巧成拙。

2. 财位六忌

（1）财位忌水

有些人喜欢把鱼缸摆放在财位，其实不适宜，因为这样无异于是把财神推落水缸，变成"见财化水"了。财位忌水，故此不宜摆放用水培养的植物。

（2）财位忌空

财位背后宜有坚固的墙，因为象征有靠山可倚，保证无后顾之忧，这样才藏风聚气。反过来说，倘若财位背后空透（如背后是透明的玻璃窗），这样非但难以积聚财富，而且还会泄气，所以会有破财之虞。

159

（3）财位忌压

在风水学来说，财位受压是绝对不适宜的。倘若将沉重的大柜、书柜或组合柜等压在其上，便会影响商铺的财运。

（4）财位忌暗

财位昏暗则暮气沉沉，所以倘若缺少阳光，便应该多安装光管和电灯，借此来增加明度，这对旺财大有益处。安装在财位的灯，一般来说，数目应以1、3、4或9为宜，光管亦以这些数目为宜。

财位上不可放置会发热的电器，如电视、电扇、电炉、瓦斯炉、电源线等。不可放人造花和干花，上方的天花板不可漏水，墙壁或地板油漆不可脱落，亦不可瓷砖斑驳。

（5）财位忌冲

风水学最忌尖角冲射，财位附近不宜有尖角，以免影响财运。一般来说，尖角越接近财位，它的中射力量便越大。所以在财位附近，应该尽量避免摆放尖角的家具、杂物。其实，无论是为了风水，还是为了顾客安全，都应该尽可能采用圆角家具。

（6）财位忌污

倘若厕所刚好位于财位内，则不但使财位不能招财进宝，反而会损耗财运。此外，倘若财位堆放太多杂物，那亦绝非所宜。因为这亦会污损财位，令财运大打折扣。化解之法当然最好是把财位收拾干净。

三、旺财店名选择法

店名是一个商铺的标志，也是一个商铺经营商品特点的反映。从风水学方面来说，店名被看成是与商铺经营成败攸关的重要名称。风水学上认为，商家取店名常见有两种方法：一是以文字搭配五行相生相克的原理命取，二是按用字笔画的阴阳进行选用。

1. 五行取店名

这种方法是将一些店名的常用字按五行分为五类，然后选择其中的字按相生相克的原则进行搭配，相生的为吉，相克的为凶，最后选用相生的两字为店名。

全表共 25 字，选择店名时，就从表中挑选五行相生的字进行组合。

风水学认为五行相生的吉利店名用字的组合是：

水＋木	水滋养木生长
木＋火	木使火更旺盛
火＋土	火使土纯净
土＋金	土保护金
金＋水	金使水富贵

风水学认为五行相生的不吉利店名用字的组合是：

水＋火	水使火熄灭
火＋金	火使金熔化
金＋木	金使木穿透
木＋土	土使木覆盖
土＋水	水将土冲毁

按照风水学的说法，商家一定要避免使用相克的字组合店名，以免给经商带来不利。

2. 笔画取店名

此方法是选用一些字按笔画的单与双，附以阴阳属性，然后按阴生阳的定律选取商铺名。具体做法是，笔画为单数的字为阴，笔画为双数的为阳。如果选用作为店名的字是一阴一阳，即一个字的笔画为单数，一个字的笔画为双数，而且这个字是按先单数后双数，即先阴后阳的顺序排名的店名，就是吉利的店名。属于吉利店的排列还有阴—阴—阳和阴—阳—阳等。反之，不吉利店名的排列是阳—阴和阳—阴—阳。

3. 兴旺字词取店名

商铺的字号，除了要突出商铺的特色配合商家阴阳命理之外，大多数店主还希望取一个有兴旺发达、吉祥如意寓意的字号。

从购物者来说，旧时人们采购物品时，多趋向商铺字号的吉利性，往往舍近求远。因此，有的商铺就因字号吉利而声名远播，买卖兴隆起来。于是，一般商家都喜欢在商铺的字号上大做文章，希望以此招财进宝，一本万利，大发鸿财。

一般来说，民间商铺字号的用词用字，总在乾、盛、福、利、祥、丰、仁、泰、益、昌等吉利的字眼上打圈子。经营文物、古玩、书刊、典籍、文房用品、医药等业的商铺字号，多取带有典雅之意的字。其他行业的商铺则多选用吉利的字。

在我国商铺的字号中，除了带吉利意义的字号外，还有一些以怪取胜的字号，如天津的"狗不理"、上海的"天晓得"；南京的一家著名膏药店，字号为"高黏除"。这些怪字号的商铺，当然也是为了招徕生意。

我国的商铺字号名目繁多，还有一些以地名或者老板姓名为标榜的字号。旧时在一些中外通商口岸地区，如上海、广州、天津、南京还出现一些欧化的商铺和厂家字号。

当然，好的字号还需要好的经营管理手段，才能赢得人们的信赖，才能拥有广泛的社会信誉，使商铺得到发展。在许多老字号中，如中药店"同仁堂"，帽店"盛锡福"，鞋店"内连升""载人舟"，烤鸭店"全聚德"，涮羊肉馆"东来顺"，画店"荣宝斋"，以及我国三大笔庄——北京的"李福寿"、上海的"胡开文"、沈阳的"胡魁章"都是以其优异的经营管理方式赢得了人们世代的信赖认可，字号不倒不败。

四、旺财吉利日期与时刻

中国人关于吉祥文化的内容十分广泛，不仅对动物、植物、颜色、方向、房屋造型等，附会以吉祥的说法，而且对数字也有吉祥的说法。

1. 吉利日期选择法

在风水学中，数字被认为是含有特殊意义的。2、5、6、8、9、10 是吉利的数字，"2"意味着容易，"6"代表财富，"8"意味着致富，"9"是长寿之意，"10"指美满确定。因此，"289"其意义就是"容易长期致富"，或者"生意长期繁荣"。"4"在风水中是不吉祥的数字，特别是广东语，"4"字的发音听起来像"死"字，因此"4"意味着灭亡和死亡。如"744"就是一个不吉利的数字，意指"肯定死亡"或"生意不成"。

中国人喜欢数字中的偶数，认为这表示成双成对，避免孤独感。在奇数中，"3"听起来像广东话中的"活着"一词，但不认为是特别吉利。然而，也有些人偏偏喜欢用"3"，如数字"73"中就有两个"3"，认为有"肯定生存"的意义。其中，大部分数字附以吉凶含义，多是来源于数字与汉字的读音，将数字与汉字字音相通，就看成拥有汉字的字意，如常见的"8"被看成是汉字"发"，"9"被看成"久"，"6"被看成"路"和"又"。这几个数字的组合，因与民间的发财观念相契合而最受人们的欢迎,如"168",汉语的谐音是"一路发";"8888",汉语的谐音是"发发发发",因此,在民间这几个数字的汽车牌、电话号码、门牌号,都被认为是吉利号码,能给人们带来吉祥好运。

人类社会和自然社会有其本身发展变化的规律,从来不会因为某种数字的关系而改变其进程。人们之所以办事讲求吉利日期,只是一种信仰观念,是追求一种对求财欲望的慰藉。所以,对于经商者来说,不必对此加以追求,更不值得花数万元购得这种安慰,只有认认真真地把所经营的商务搞好,才能真正发财。当然,选择一个别具意义的日期为商铺开张,求个吉利,也未尝不可。

2. 吉利时刻选择法

对吉利时刻的选择,是人们对吉祥数字的又一种附会,认为选在某一吉利的时刻为落成的商场剪彩,或者为商铺的开张鸣炮,或者为大桥通车剪彩等,就能使生意兴隆,事业发达。

一般来说,人们将新商铺开张的时刻,大多选择在上午。因为在风水学看来,上午空气新鲜,太阳从东方升起,对新店开张来说,是一个极好的兆头。

在上午的吉利时刻中,常被选中的数字是"8"和"9",也就是借喻所经营的商铺能"发"和"久"。如有的商家把新开的商业大厦的鸣炮剪彩,定在上午的8时8分8秒这一时刻,借喻商业大厦从此以后能"发发发";有的生意人把新商场开张启门的时刻,定在上午9时9分9秒,借喻商场从此时开门,就能生意长久,商场长盛不衰;也有的经商者将新商铺开张迎客的时刻,定在上午的11时8分正,借喻商铺此后"日日发财"。

人们对吉祥数字的追求,特别是商人对吉利日期和吉利时刻的追求,来自于商品经营市场的激烈竞争。虽然,商人不辞辛苦已有所成就,但仍感以后的商道上风云莫测,于是就想借助于信仰支撑,借助于"神灵"的保佑,以求得紧张心理的平衡,求得信心上的鼓舞。

五、吉祥物品开运法

中国的习俗中，有很多吉祥物品都是旺财和助升职的，现将其中常用的一部分介绍如下。

1. 龙

龙在中华文化中占据着至高的地位，也是中华文化所特有的文化图腾，它集结着中华几千年文化精髓，具有吉祥、生旺、化煞等作用。摆放时要注意龙宜摆在北方，宜与水结合，朝向海、河的方向。

2. 龙龟

龙龟也是一种瑞兽，主吉祥招财，放在财位可催财，放在三煞位或水气较重的地方最有效。龙龟在位能化解口舌争端兼加强人缘。有部分龙龟的背部是活动的，可以掀起放入茶叶及火粒，增强吉祥效果。

3. 蟾蜍

此蟾蜍并非普通蟾蜍，它拥有三条腿，与其他两条腿的蟾蜍不同，它会吐钱，传说他本是妖怪，后弃恶从善。商铺摆放蟾蜍，要头向铺内，不宜向铺门，否则所吐之钱皆吐于屋外，不能催旺财气；亦不宜头向窗，意义与向门同。

4. 麒麟

麒麟，亦作"骐麟"，是中国古代传说中的一种动物，与凤、龟、龙共称为"四灵"，并居四灵之首位。《礼记·礼运》有"山出器车，河出马图，凤凰麒麟，皆在郊棷"（"棷"同"薮"，沼泽）。在中国众多的民间传说中，关于麒麟的故事虽然并不是很多，但其在民众生活中实实在在地体现出它特有的珍贵和灵异。

麒麟，虽说是中国古人创造出的虚幻动物，然而，在现实生活中却总是那样活灵活现，深入人心，无论作为观念形态的，还是作为物化形态的，都以其为吉祥形象进行长期的表现，这既反映了麒麟在中国人民心理上的地位，又体现了深厚的"天人合一"思想。这种对超自然物的信奉，是脱离物神崇拜的一种发展。麒麟，将是中国民众生活中永远的吉祥物。

5. 貔貅

相传貔貅是一种猛兽，为招财神兽。貔貅主食是金银珠宝，自然浑身宝气，因此深得玉皇大帝与龙王的宠爱，不过，吃多了总会拉肚子，所以有一天可能因为忍不住而随地便溺，因此惹得玉皇大帝非常生气，一巴掌打下去，结果打到貔貅的屁股，肛门就被封了起来，从此，金银珠宝只能进不能出，因此貔貅就被视为招财进宝的祥兽了。

随着社会经济的发展，将貔貅摆放在商铺里的人越来越多，因为貔貅能够打击商业上的对手。尤其是放在财位上，更可以旺财，特别是偏门的生意。所谓偏门，就是不靠工资吃饭的，也就是有外财的人，或者想有外财的人。"马无夜草不肥，人无横财不富"，所以求财的人如果配带貔貅或家中摆放貔貅，可以达到令人意想不到的效果。此外，貔貅也有镇煞作用，具体内容见第八章。

需要说明的是，貔貅一定要开光，否则就还是工艺品，只具有欣赏价值而不具有灵性。

6. 古钱

有些人喜欢在商铺中摆放或悬挂古钱，以作旺财之用，又有些人喜欢佩戴古钱。古钱为万人所使用，可借用来旺自己的运程。选择兴旺皇朝之铜钱来佩戴，亦会增强自己的运程。

7. 玉璧

玉璧是一块圆形玉，中间钻有一个小孔，在旺财方面，它很少独立使用，多摆放在财神附近，以旺财运。可在关帝、赵公明、留海仙人、如意观音（手执如意）等左方摆放。

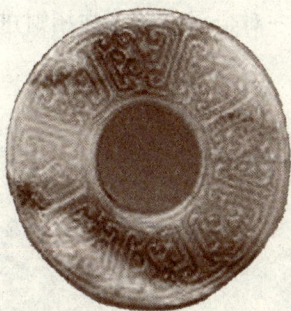

玉琮是一种方形立体的玉，中间钻出一圆形大孔，圆者象天，方者象地，它与玉璧一样，很少独立应用，一般摆放地主右方（前后地主财神的一方），可催财。

8. 铜风铃

风铃声音悦耳，风铃的摆动可加强金气，激活和刺激气场，有助于化解不好的环境。

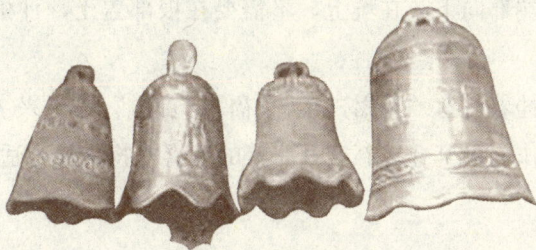

171

9. 金元宝

金光灿灿的元宝很招人喜欢，生意人喜欢把元宝放在容易看得见的地方，抬头见喜，取生财、招财的彩头。一般是一对元宝并用，可以将一对金元宝放在商铺最大的窗口或窗台上，左右角各放一只，象征着把窗外的财气吸纳进来，窗口越大财气越旺。也可以放在店门入屋斜角处，此处藏风聚气，亦是财位，放上一对金元宝能加强招财进宝之气。

10. 招财进宝树

招财进宝树是园艺中常见的宝木。正如其名字一样，它有招来财气带进宝物的寓意，有强力的生旺效果。另外，招财进宝树还有净化、安定气的作用，经常用于整理被搅乱的气。因为它有比较顽强的生命力，所以是很容易养植的观叶植物，种植时，在盆土上挖一个小坑，将树的球形根剥去皮，凸起的端部向下放在坑上，不需要在根部盖土，种植的土质没有太严格的要求。

在树枝上挂着写有"招财进宝""福""吉祥"等喜兴字的卡片，效果会更佳，用它作公司开业、新店开张等的贺喜礼物是最合适不过了。

11. 八卦眼球玛瑙

　　玛瑙据说是距今 2000～2500 年的远古时代从天而降的"神仙石"，是由古代西藏传至世界各地的。眼球玛瑙有最强的防御力以及于各种危难中保护主人的作用。从古代开始，它就作为防御邪气和邪恶的神石，被人们所重视使用。

WANG CAI JIN DIAN MIAN

像睁大了眼睛一样的眼球玛瑙，象征"神、真理、睿智"，可以看透事物的本质现象。八卦眼球玛瑙里面的"太极八卦"可以保护环境并使其安定，还可作为护身符佩戴，为防止车祸还可以挂在车内。

12. 凤凰圆盘

"凤凰圆盘"是用合成树脂做成的，它适合那些希望能活跃在商业舞台上的人以及女性商铺经营者使用。

13. 琥珀吊坠

琥珀的颜色好像蜂蜜的金黄色，比重只有一般石头的 1/3 左右，非常轻，有美丽光泽，能够带来元气，又有使人健康长寿的功效。另外，琥珀还有令人精神稳定的作用，可以让人头脑舒畅，还能提高注意力和集中力，从而让商铺经营者对市场动态有敏锐的判断。无论是在东方还是西方，琥珀用于消除近身的邪气的效力都非常有名，可以用于各种灾难之中守护自身。将琥珀佩戴在身上，可以激发人身上的潜在能力，帮助人们更快地接近自己的努力目标。

14. 狮头吊坠

"开运吉祥辟邪狮子头"，俗称"狮子吊坠"。在住宅、商铺与办公室等处用风水手法将周围环境调整后，把狮子吊坠吊在正门、鬼门（东北）和离鬼门（西南）三个地方，用以防止邪气进入，保持良好的风水环境。另外，无论是工作场所还是家庭，凡是有气存在的地方均可吊挂小型的狮子吊坠，但一般每年要更换一次。

15. 十二支八卦铜牌

　　"八卦"有使自己感觉厌恶的所有事物远离的作用，"十二支"则网罗了全部的方位和全部的时间，刻有八卦和十二支的铜牌就叫做"十二支八卦铜牌"。它可以镇定和化解不吉之气，任何人都可以在家庭、商铺、办公室等地使用。

第七章

不同商铺的旺财布局

商铺经营产品的种类不同，商铺的布局也应不同。一个商铺布局的好坏，直接反映出这个商铺在经营理念、经营定位、卖场管理、形象塑造等方面的水平，也会直接影响到商铺的销售。所以，经营者给商铺选择合理的布局是创造旺财店面的关键所在。

一、大商场的布局原则

在商场布局规划方面，要遵循外观设计体现本店经营特色、内部布局合情合理、商品陈列新颖别致的原则。

1. 外观设计讲究

商场的外观是由商场的门面、橱窗、霓虹灯和广告牌等组成的一个综合概念。这一切的设计都要为本商场经营特色服务，体现本商场的风格。

橱窗对商场经营内容具有高度概括力，并且在艺术上具有强烈吸引力，对消费者的视觉刺激和心理影响都发挥着重要作用。橱窗可以激发消费者的购买兴趣、丰富消费者的联想。风格各异的设计，体现了各个大商场独特的品位，随着顾客脚步的移动，各个灯光各异、色彩缤纷的橱窗好似流动的幻灯片，吸引着不同顾客在其面前驻足浏览。经验证明，橱窗的设计起着比店内导购员更为重要的作用。橱窗设计以其最大空间、最为直观的效果对商品的销售和传播起着举足轻重的作用。一成不变的展示方式已不适应社会的发展，只有创意新颖、风格独特的设计才能吸引行色匆匆的行人的脚步，在短短几秒钟内吸引顾客的注意，同时能够用无声的语言说服消费者进店光顾，这是单有一个响亮品牌所不能完全做到的。现代橱窗艺术是非常多元化的，有两维的巨型平面海报，也有以光电科学输出表现的光电艺术，更有采用真人模特在设定的橱窗场景内进行情景表演，将展示商品的空间由静至动，以吸引、集结更多的注意力。

霓虹灯和广告牌，能够营造一种活跃气氛，引起消费者的注意，鼓励消费者进入商场进行购买活动。要使霓虹灯色彩达到引人注目的效果，可运用色彩的对比手法，从而产生与众不同的色彩感觉与色彩组合，并有助于霓虹灯作品形象区别于周围事物与环境，形成色彩视觉冲击力，引发消费者注意。不同的色彩对比组合，可以营造出鲜艳夺目、明亮活泼的感觉，也可以营造出庄重高雅、雍容华贵的感觉，在作品与消费者接触的一刹那，打动消费者，增强注意的力度，形成广告的第一印象。

商场在注重上述方面的同时，还要注意保持商场外部的清洁、明亮，并尽量营造热闹的气氛，旺盛的人气可以吸引更多的顾客。如节假日可以组织生产方在店前举办文艺演出等促销活动。

2. 内部布局原则

　　商场内部布局包括商场的高度、信道、各层营业厅的规划等方面。一般一层营业厅的楼层高度为 4.5～6 米，而其他楼层的高度为 3.5～4 米。楼层过低会给消费者造成压抑感，而楼层过高又易造成建筑物的空间浪费。

　　各楼层内的顾客信道宽度，要根据商场的经营定位、商品种类、性质，乃至顾客人流和数量来确定。一般商铺的主信道宽度为 1.5～4.5 米，副信道的宽度为 0.6～2.5 米。正对入口处最好不设门，道路和店堂之间没有阶梯或坡度。

　　商场各层营业布局应力求合情合理。一楼营业厅在保证客流畅通的前提下，应安排销售购买时选择商品时间较短的轻便商品；二、三楼的气氛需要稳重，应安排销售购买时选择时间较长、价格较高而出售量最大的商品；四、五楼营业厅可分别布置多种专业性柜台；六楼以上营业厅可以安排美食街或游艺厅等休闲娱乐性质的项目；地下室经营面积如果较大，一般用来开办超市较好。

3. 商品陈列方式

　　商品陈列的最终目的是希望能使任何一个逛商铺的人都变成一名真正的买主，从而增加经济效益。科学的、匠心独具的商品陈列形式，可以赋予商品鲜活的生命，可以抓住顾客的眼睛，捕捉顾客的心灵，成为商铺"无声的推销员"。但是，商品陈列没有统一的答案，也没有明确的参照系统，更无绝对的"对"与"错"之说，各店只能以服务"品牌形象"和销售为主旨，依据自己的具体环境和条件，本着理论结合实际的原则进行运作实施才能达到最佳效果。

二、饭店的旺财布局

大城市内人潮如鲫，饭店鳞次栉比，怎样才能布置出一个兴旺发达又赚钱的饭店呢?

1. 门面装修讲究

门面的装修要加以重视，招牌、广告要醒目明亮，要有自己的风格，可以突出自己的品牌。

2. 收银台的设置

　　饭店的收银台的摆放至关重要，收银台要守住龙门，要既看到门，又不正对门，应在来龙走势的承受方。站在门内向外看，车辆行人都是从左边来，叫左青龙右白虎，收银台应设在右手方。收银台不可正对卫生间门，也不可正对楼梯、电梯。收银台的背后不能设卫生间，楼梯在收银台的侧面也不旺财。

3. 海鲜鱼池的设置

　　海鲜鱼池应设在一楼醒目的地方，最好设在大门的一边，水池设在二楼叫做"水落空忙"。如果饭店本来就在二楼或者高层，要另当别论了。

4. 厨房的设置

厨房最好设在一楼，设在水池的后面。如果一楼地方小无法作厨房，只能设在二楼，那么要考虑到服务员送菜要有专用楼梯，不可与顾客共享一条楼梯。厨房要设一个小门，平时进货的鱼肉、蔬菜、米、面不与顾客争道，对消防问题也有利。

5. 卫生间的设置

卫生间的设置会影响财运，千万马虎不得。卫生间的门不宜直接通大堂，如果卫生间的门无法改动，就要在门前设一面屏风，防止污秽之气冲大堂的财气。

三、咖啡馆的店面设计

咖啡馆最具体的综合表现就是整个的营业空间，如何能使整个营业空间具有活力并显示其特性呢？首先是促使客人能够在店内集中，进而使客人更多地饮用咖啡，以达到营销的效果。接着便是运用待客的技巧，使客人心情舒畅。

1. 宽敞的店门设计

在咖啡馆店面设计中，顾客进出门的设计是重要一环。从商业观点来看，店门应当是开放性的，设计时应当考虑到不要让顾客产生"幽闭"

"阴暗"等不良心理感受，从而拒客于门外。还应考虑店门前的路面是否平坦，是水平还是斜坡；前边是否有隔挡店门的物体或建筑以及采光条件、噪声影响及太阳光照射方位等。将店门开在中央，还是左边或右边，要根据具体人流情况而定。一般大型咖啡馆大门可以开在中间，小型咖啡馆应该避开中间位置，因为店堂狭小，会直接影响店内实际使用面积和顾客的自由流通。小咖啡馆的进出门，设在左侧还是右侧，要根据门外的道路走向和具体环境而定。

2. 美观的店面设计

良好的店面设计，不仅能美化咖啡馆，更重要的是能给消费者留下美好印象。进行商铺设计的前提条件是掌握时代潮流，在商铺外观，店头、店内，利用色、形、声等技巧加以表现。个性越突出，越易惹人注目。店面装潢在符合咖啡馆特点的同时，要充分考虑与原建筑风格及周围店面是否协调，有的装潢虽然抢眼，一旦使消费者觉得"粗俗"，就会失去其信赖。店面的色彩要统一协调，不宜采用任何生硬的强烈的对比。装饰要简洁，宁可"不足"，不能"过分"，不要让顾客感到"太累"。

3. 独特的招牌设计

招牌花心思设计是非常必要的，因为店面上部设置一个能够醒目地显示店名的条形商铺招牌，会吸引很多好奇的顾客。消费者走在繁华的商业区，往往习惯浏览大大小小、各式各样的商铺招牌，从中寻找自己的消费目标或值得游逛的商业服务场所。因此，具有高度概括力和强烈吸引力的咖啡馆招牌，便会刺激顾客的视觉和影响顾客的心理。招牌上的字体大小要适宜，过分粗大会显得拥挤，容易破坏整体布局，除特殊需要外不要使用狂草或外文字母。可通过衬底色来突出店名，店名要简明易懂，上口易记。

4. 丰富的灯光效果

一般商铺都用霓虹灯来增强用光效果，咖啡馆的光不能仅限于霓虹灯，灯光的用途也不可忽视，灯光的总亮度要低于周围，以显示咖啡馆的特性，使咖啡馆形成优雅温馨的休闲环境，使顾客循灯光进入。如果光线过于暗淡，会使咖啡馆显出一种沉闷的感觉，不利于顾客品尝咖啡。

室内装饰设计，最好用明朗的彩色色调，但不是说凡深色的背景都不好，有时可以强调浅颜色与背景的对比。另外，投光灯在咖啡器皿上，更能使咖啡品牌显眼突出或富有立体感。

5. 恰当的色彩运用

咖啡馆的色彩运用，应该考虑到顾客阶层、年龄、爱好倾向、咖啡特性、注目率等问题。但是，冷冷的气氛，总不如温暖、温馨的气氛让人流连。

四、服装店的内部布局

　　流行服装店的设计，色彩是其内部布局的主要灵魂，极简主义风格早已功成身退。

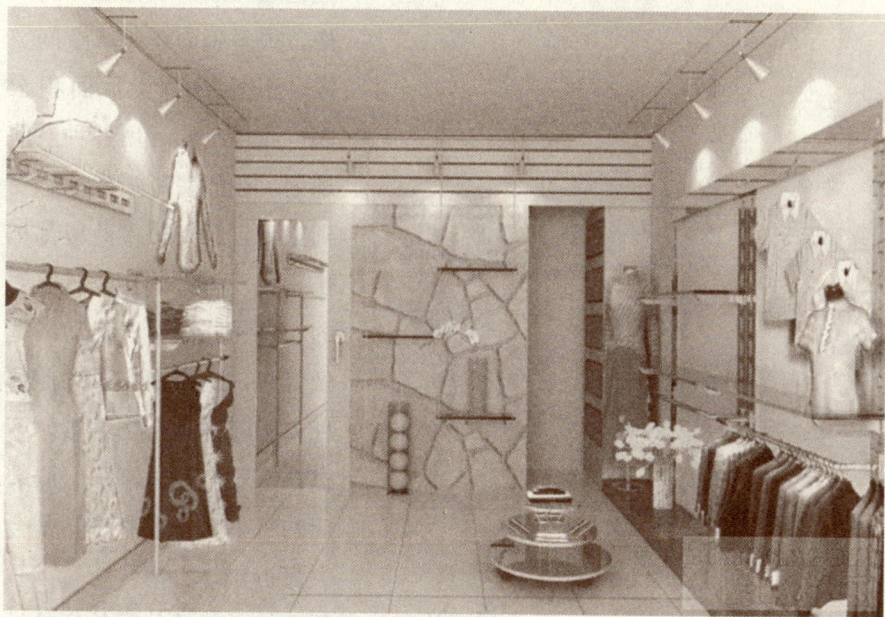

　　早期服装店，装潢一次就可以用上一二十年，从 20 世纪 80 年代开始就只能用 5～7 年了，进入 21 世纪，则有越来越多的店家采取渐进式的做

法，分区陆续进行重新装潢，目的是使装潢费用降低。但同时在各类服饰越来越注重高格调、高品质的设计之下，相对地又把费用拉高，大有以高级名店的空间规划来经销大众化商品的趋势。

1. 店内色彩的运用

近年来，服装店的装潢出现两大趋势，除了大型旗舰店陆续开张之外，就是色彩又回归店面，取代了流行多年的极简主义风格。现在的店面设计除色彩强调鲜艳外，并讲究宽阔的场地、休闲空间和动态设施等，还把海报、影像屏幕充斥其中。至于衣架的造型、材质及商品陈列等方面，也在不断创新。

无论是大众化的商铺还是高级名店，几乎都无法抗拒色彩风潮，以塑造品牌风格。很多店面还力求空间宽敞，不只店面实际面积求大，而且还要运用各种空间规划，让消费者强烈地感受到宽敞。例如很多商厦都把扶梯的旁侧设计成了透明的，还强调消费者走动的宽敞自在，完全没有了以前那种衣服陈列拥挤的情形。不过在这股空间风潮下，服装店的每平方米获利率，则会大打折扣。

除了宽敞的购物空间，一些新潮的服装店还添加了舒适休闲的家具设施，如试穿区设置了舒适座椅并运用柔和色彩设计，提升购物的舒适感。

2. 商品陈列风格

在商品陈列的风格方面，还要以沿袭过去的方式为主。具体有以下两个风格：

采用方形金属材质的衣架或玻璃衣柜，这种风格较稳重，适合男装店。白色原木或塑料衣架或玻璃衣柜，圆滑的造型设计，流行感强，适合女性服装精品店。

在现代的服装店中，各种影像的运用也越来越多，从简单的海报到复杂的动态影像屏幕都有，或设置于店内，或设置于橱窗中。还有将一大面墙壁都用来作影像展览的，分外显出独特的感性气息。

服装店的经营者们，更愿以商品的色彩、照明等的调和为基础来装潢设计，但新开店或女性经营者有时会选择自己喜欢的颜色。

就经验来讲，暖色系是很容易亲近的色系，例如红、黄等色，比较适合面向年轻阶层的商铺。同色系中，粉红、鲜红、鹅黄色等是女性喜好的色彩，对妇女的用品店及婴幼儿服饰店等产品华丽的高级商铺较合适。冷色系会有很远很高的感觉，有扩大感。严寒地区或天花板很高的商铺不宜使用，否则进入店内会感到很冷清，亲切感降低，所以要尽量避免寒色系。但在夏季为了再现山峰海涛的感觉，陈列时使用寒色系，可以产生清凉感。

五、药店的内部布局

在大多数人的观念中，似乎对药店环境没有太多的要求，觉得到药店去，无非是为了买药，往往来去匆匆，并不会观察药店的环境是否优美，只要求干净和卫生就行。但实际上，在顾客短暂的停留时间里，潜意识中已经对药店的布置、摆设留下了很深的印象。要知道，任何时候，任何人，都会被优美的环境所吸引。所以药店的设计也要遵循以下几点：

1. 药店的内部摆设

内部摆设包括陈列架的选定和配置、信道的宽度等。要根据放什么药品来决定陈列架的深浅。信道的宽度，应该根据营业面积而定，总的原则是使顾客可以顺利来往，能轻易地走到最内部的陈设。颜色不要以自己喜欢为准则，要首先想到是否能够相互搭配，也就是陈列架的颜色要能与天花板、墙壁、平台、器具的颜色相互搭配协调。

2. 药店的照明设置

照明是每个药店都不可忽视的。灯光可以凸显店面所陈列药品的形状和外观，有效地吸引过路人的注意，进而驻足观赏，诱导其进入药店，在适宜的光亮下挑选药品。因此，药店灯光的总亮度要高于周围的建筑物，

以显示药店的特征，使药店形成明亮愉快的购物环境。如果光线过于暗淡，会使整个药店显出一种沉闷的感觉，不利于顾客的挑选。在照明方式上要视药店的条件而配光，可采用直接照明、间接照明、半间接照明、集束照明、彩色照明等，以增强某些特定药品对顾客的吸引力。

直接照明，就是光源垂直往下或者直接照射在陈列的药品上，需要高亮度的大型药店可采用此方式；间接照明又称建筑化照明，是将光源隐藏于天花板或墙壁内，用反射出的亮度照明，比较适用于中小型零售药店；半间接照明，是利用托架照明或垂吊照明之类的器材，借着天花板、墙壁，以反射的光源照明，某类药品的专卖店、小型药店可以采用此种照明方式；集束照明是采用几组灯光交叉射向某处；彩色照明是利用彩色灯泡或彩色光片加在灯前，变幻出五颜六色的灯光，这种方式使用很少。这些特殊的照明设备既美化了药店的环境，又起到了吸引顾客注意力、引发其购买欲望的作用，可谓一举两得。

为了防止因照明而引起的药品变色、褪色、变质等类似事件的发生，药店营业人员应经常留心以下事项：

药品与旋光性强的灯泡之间的距离不得少于一米，以避免其光线的热度和灼烧度导致药品褪色、变质。

因为有些药品在短时间内容易变色、变质，所以，要使其远离灯具。

六、酒吧的旺财布局

设计酒吧，如果遵照以下几点原则，那么，你的酒吧一定会生意兴隆、财源广进。

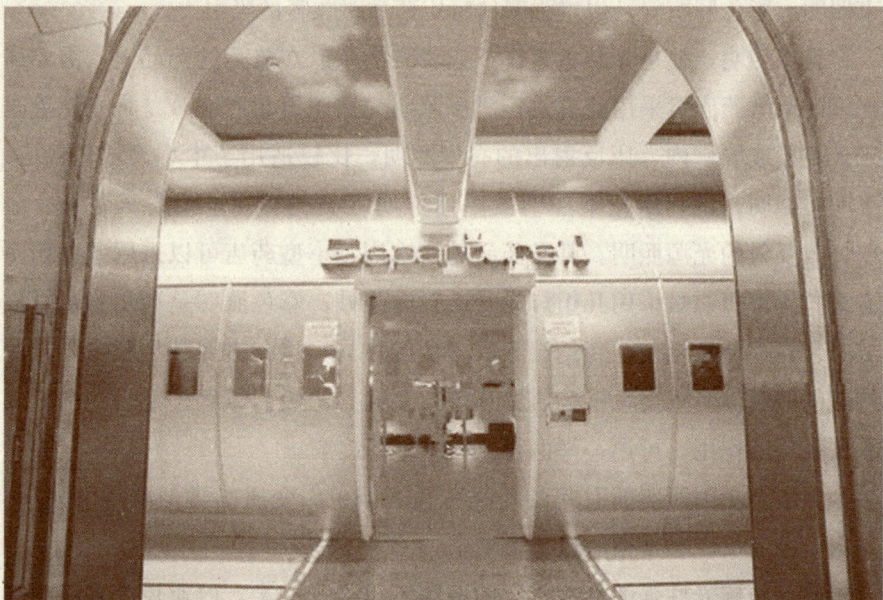

酒吧的门面设计要新颖雅致，要有浪漫风情。霓虹灯招牌可以设计得形象化，可以夸张一点，还要根据顾客群体来设计，如美式、欧式、日

式、韩式等。酒吧大门不宜设计得太凶恶、太恐怖，如鲨鱼张口、鬼隆夜叉，阴森恐怖会使人毛骨悚然，望而生畏。

酒吧的收银台最为重要，一是设在龙口地，一进门的白虎位上，二是设在吧台旁边，在龙脉走向的聚气方。收银台背后要有靠才能积聚生气，千万不要设在斜坡流水位上。

吧台可以安排在正对门的地方或酒吧的中心位的边缘上，总之要设在醒目又便于行走的地方。

音乐台、舞台要设在中心位，要在客人的视线之内，也可以另辟一处作小舞台。国内人喜欢坐着喝酒，有些外国人喜欢站着喝酒听音乐，还有一些国度的酒吧内设桌球，客人打累了可以坐下喝酒听音乐，那就要看酒吧的场地大小来安排，不必苛求。

房间不宜过大，要有私密性，要有一点浪漫情调，色彩要温馨柔和。

酒吧最好要有后门或侧门，因为"龙气"进了场地要回旋从另一个出口出去，叫做"去水"。如果只有一个门，龙气又要返回入口，这叫"水倒流"。大凡有两个门的酒吧生意总比只有一个门的好，即使你后门平时锁上不用也能起到旺财作用。

卫生间要设在酒吧的死角上，最好选在三煞位或五黄位上，选在最里面或边缘地方。卫生间要有窗口，可以通风，没有通风的卫生间叫"死气沉沉"。地面要低于厅的地面。

天花板可以采用自然色彩，要有艺术性，可以用塑料花、绢花、树叶来装饰，不必计较平整光滑。

墙体的色彩要前卫柔和，要有外国风情，可以挂些浪漫的新潮画片，烘托气氛。

七、西餐厅的旺财布局

随着改革开放，经济迅速发展，中国人的饮食习惯也发生了巨大的变化。年轻一代不再专注中国传统式的饮食，很多人开始喜欢上吃西方人的食品，因此洋快餐、咖啡厅、酒吧等蓬勃发展。西餐厅的布局和中国传统的酒楼风水有什么区别呢？当然有所不同，但大局上的"理气"总是相通的。那么西餐厅的布局到底应该注意什么呢？

门面设计要新颖美观，有外国风情，要有艺术性，有点浪漫的情调。不要装饰得灰暗、阴森恐怖，会给人不祥的感觉，让人望而生畏。

吧台可以正对门口，能在"财位"边上更好，要使人一目了然，便于客人和服务员沟通，显出浓郁的人情味。

收银台一般都是设在吧台的边缘，应在"财位"上，不宜设置在"流水位"和"空位"上。

装饰要有艺术性，可以根据各个国家地区的特点和自己的经营特色来设计，如日式、韩式、欧式、美式等，风情各有不同。

卫生间应设在商铺的角落，要找出方位上的"三煞位"和"五黄位"来安排。

地面设计可以根据总体色彩来定，要有艺术性。

天花板可以采用自然色彩，带有艺术性，可以用塑料花、绢花、树叶来装饰，不一定要用平整的大花。

灯光要丰富多彩，不宜太明亮，要有温馨甜蜜的感觉，要有私密性。

总之，只要设计能大致符合风水要求，西餐厅就一定能生意兴隆、财源广进。

八、小商铺的旺财布局

商铺的布局与住宅有所不同，其布局要注意以下几点：

收银台的摆放要找出商铺的财位来放钱柜，收银台的摆放至关重要。收银台要设在来客的承受方，内地的车流都是从左手方来，收银台一定要在右手方摆放。收银台背后要有靠，不可落空，更不能有卫生间门冲射。收银台不宜太高，否则会使顾客看不到收银员，叫做"虚空"。

商铺里有厨房、卫生间的话，要设在商铺的最里边。店堂要宽大，门面要开阔，生气才能旺。

商铺的规模一般不可同大型商场比，商铺的楼梯不宜设在正中心，应设在左手边为佳，楼梯不可正对收银台。

商铺与住宅不同，商铺内可以根据自己商品的展示需要安装镜子，多少镜子都无妨风水的大局。

商铺的招牌要鲜明醒目，字体要工整、圆润，使人一目了然。有些商铺往往喜欢把招牌的字体做得奇奇怪怪、模糊不清，使人看不懂要领。

商铺的空间要高，天花板不可做得太低，使人有闷热压迫感，顾客会匆匆离去。

所有商铺只要选址好、安排妥帖，一定会生意兴隆、兴旺发达。

九、发廊的内部布局

发廊内部布局可分为两个基本部分，一是营业厅（或厅堂、外间），一是按摩室（或包房、坐间）。

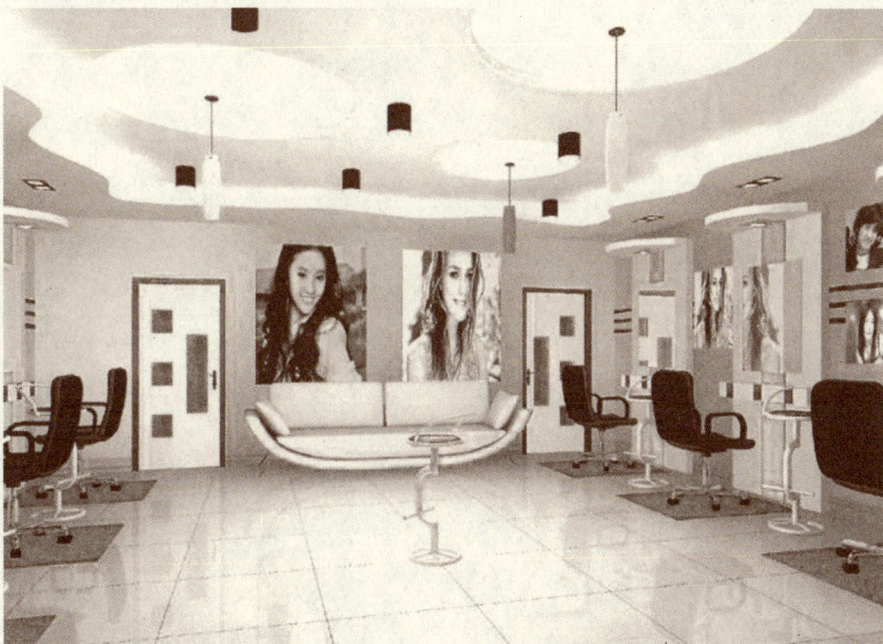

营业厅是顾客进门后视觉所见的营业面积，可以是一间，也可以是两间甚至三间。按摩室是顾客进门后视觉不可见的营业面积。视觉可见与不可见，是区分两者的关键。所谓可见，是指可以看见服务活动，而不是看见门、门帘、不透明玻璃、楼梯、走廊。也就是说，顾客进发廊后，可能看出有按摩室，也可能看不出有按摩室，即使看出有按摩室，视觉也是被门、门帘、不透明玻璃、墙等阻断的。因此，营业厅是顾客进门后可以看见其中活动的营业面积，按摩室是顾客进门后看不见其中活动的营业面积。

按摩室有大间、小间之分。所谓大间，就是在一间里面放置了多个位置；所谓小间，是在一间里面放置1~2个位置。

无论大间小间，都有通间、隔间之分。通间的位置之间无固定隔断设施，隔间的位置之间建有不可透视固定隔断设施。所谓不可透视固定隔断设施，一般是指1.2米左右的隔栏或非全封闭木板墙。

可移动布帘是常用的阻碍视线的方式，通间位置之间就常用可移动布帘。

第八章
商铺风水的调整和改造

　　我们生活的这个世界上，会受到天、地、震、巽、离、坤、兑、乾、坎、艮十种气场的影响，这些气场又在山脉、河流、道路、建筑、装潢、颜色等环境因素的影响下，发生增强、减弱、弯曲、变形等各种情况。同样，一个商铺门店也都有它的环境命运，那就是风水对它的影响。了解了这些风水影响，接下来就是如何调整的问题了。

一、风水调整和改造的原理

　　人们选择阳宅商铺时，都希望能挑选到理想的风水佳地，以期在此安居乐业。但是，世界上的事遂心如意的是很少的。在这个城市爆炸式发展的时代，要想找到完全符合风水理论的吉祥之地实在是很难得。特别是在人口密集的城市，高楼林立，电力、通信、交通设施密布，要想找到一个没有一点形煞的地方更是难上加难。我们平常所遇到的，多是一些有这样或那样缺陷的地方，比如说，有的地方有来龙、有护砂，却没有界水；有的地方有来龙、有界水，却没有护砂，等等，不一而足。遇到这种情况怎么办呢？其实，办法很简单，就是去调整和改造风水。

　　改造风水，就是想方设法去改造地形、地物，弥补缺陷，使之趋于完善。风水学认为，地理上的不足，有些是可以通过人工进行改造和补救的。

1. 和谐是风水调整的根本

　　风水学说，是我国古代哲学、美学、地质、地理、生态、景观、心理诸多方面的综合体，内涵丰富，包含了大量的视觉因素、知觉因素、心理因素等。蕴涵着人如何顺应自然的理论和方法。其最大的功效、最终的目的是通过对环境的选择或改造，达到人和环境的和谐。

什么是和谐？字典上说，所谓的和谐，就是和睦协调、和好，或者万事万物之间配合得适当。《左传》上说："八年之中，九合诸侯，如乐之和，无所不谐。"这样的解释似乎不能很好地或者全部地说清楚"和谐"的内涵。在日常生活中，但凡什么东西使人觉得舒服了，我们都可以用"和谐"一词去形容它。从这个层面上说，和谐的内涵是极广的。但不管怎么说，无论在何种场合，你都不可能具体感觉到"和谐"的具体的形态，不可能具体看清它到底是个什么东西。为什么呢？因为所谓的和谐只是心灵感应上的东西，只是心理层面上的个人感受。

风水学的最高境界是要通过对环境的选择达到天人合一、天地合一，这是最高层面上的和谐，但这一般都很难达到。于是，人们就转而追求稍次一层的追求，即选择一个适宜的环境，或者通过对其进行适当的改造，使之符合大众的好恶观、审美观、道德观、文化价值观，从而使自己与环境（包括自然环境和人文环境）达到和谐。比如说，几千年来的传统文化的积淀，使很多人相信妖魔是存在的，而妖魔忌照镜子，因为一照便会现原形，所以照妖镜有照妖驱邪的作用。这样，即使原来根本上不知道什么东西是妖魔的人（事实上谁也不清楚妖魔到底是什么东西），哪怕只听到一次这样的说法，他的脑子里就会打上这样的烙印：啊，妖魔可能是存在的，如果它出现，也许真的可以用照妖镜去驱邪。所以，如果当他意识到，或者周围环境的风气使他意识到，自己可能撞上邪气时，哪怕他是一个很坚定的无神论者，可能也会选择用那个所谓的照妖镜去避邪，以求得心灵上的自我安慰。当整个的社会风气都认为这条街应该如何如何做才符合风水的格局时，身在其中的某个人是不好违拗的。这就是一种和谐。

　　我们生活中有很多这样的事：我们都认为，红色代表喜庆，黑色代表悲哀。这就是所谓的象征作用。这样的象征在生活中是无处不在的。而集中国文化之大成于一身的风水学说，物象（物品的象征）、心象（心理上的象征）都很多，有些象征有一定的科学根据，比如说，风水学认为，横梁压在床上，是卧室的风水大忌。粗看起来，这似乎没有什么根据，但如果从心理学的角度考虑，就觉得这样的说法很有道理。长期地有一根横梁压在床上，会给人一种压迫感，使人产生不好的心理感受。而有些纯粹是毫无根据的东西，但它已经根植于我们的文化里、根植于人的心里，人们只好去顺应它，以求得大同、求得心理上的自我安慰。比如说，大门两边

WANG CAI JIN DIAN MIAN

摆上石制或铜制的狮子或其他的所谓的瑞兽，在大门上挂铜八卦去避邪等，你说它能有什么根据呢？但这些做法已经成了习惯，只能顺应它了。这就是风水调整和改造的最终极的根据。

所以，不能一概地把风水调整和改造、避邪、镇煞的方法斥为迷信。风水本来就是一种心理感应上的东西，其最终极的目的就是要达到和谐——内心的和谐感受、个体与群体的和谐相处。既然几千年来的文化都已经深深地积淀在人们的心里，既然很多人都那么认为，我们只能顺应它，否则哪里谈得上和谐呢？有些所谓的避邪、镇煞的方法，确实没有什么根据，但既然已经有这样或那样的说法，希望读者以科学、理性的态度去进行批判性汲取。

2. 装修改造风水法

风水改造弥补的方法主要在藏风与得水等方面下工夫。藏风的具体方法是培龙补砂。如果来龙低平，砂山残缺，不利藏风，则可以人工移土，填高补满，使龙砂藏风养气。对水的改造是多方面的，目的都是要达到得水。比如说，如果基址缺水，则可以在适当的位置开渠引水，或者开湖挖塘、筑堤蓄水。如果有水但不很理想，比如说太急、不相抱、成冲射等，也可以用相应的办法加以改造，如筑堤坝加以改造，使之平缓，或开挖河道使之改向等。对于商铺经营也是如此。如果商家觉得商铺的风水不理想，可以通过装修的办法加以改造。

凡看商铺，"以门向为君，次格柜台"。商家在对商铺进行装修时，首要是要定好商铺的朝向。一般来说，城市里的商铺受街道布局的整体制约，是不可以随意取向的，商家只能通过巧妙的柜台布局来确定商铺的朝向。

在商铺装修中，商家要注意商铺出入口及通道的设计。从风水学的角度看，出入口是商铺的气口，出入口设计得好，就能拢气和聚气，使商铺风水趋旺；出入口设计得不好，可能使气聚不起来。从现代科学的角度看，商铺的出入口是驱动消费流的动力泵，好的出入口设计，能有效地使消费者从入口流动到出口，有序地浏览全场商品，并且商铺内不会留有死角。

设计好的出入口和通道，商家要从商铺营业面积、客流量、地理位置、商品特点及安全管理等多种因素来综合考虑。如果设计不合理，就会造成人流拥挤，或顾客没有浏览完全部商品便到了出口，从而影响销售。商铺大门的设计应当是开放式的，设计时应当考虑到不要让顾客产生"幽闭""阴暗"等不良心理，从而拒客于门外。如果商铺内部空间很规则，商铺出入口一般设在同侧为好，这样可以避免顾客没有走完全场就走出商铺了，使商铺中留下死角。内部空间不规则的商铺，则要考虑内部空间特点，特别是要避免留有死角，这样出入口和通道设计的难度相对较大，商家要多做几种方案，从中选择最佳的一种。

一般来说，商铺通道设计有以下几种形式：第一种是直线式，又称格子式，是指所有的柜台设计摆布时互成直角，构成网格式通道；第二种是斜线式，这种通道的优点在于它能使顾客随意流动和浏览，气氛相对活跃，易使顾客看到更多的商品，增加购买机会；第三种是自由滚动式，这种布局是根据商品和货架特点设计出各种不同组合，没有固定或规律性的布局形式，销售形式也不固定，自由滚动式布局可以用不同形状和色彩的货柜、货架来做支撑。

风水因地而易、因人而易、因物而易，店铺的装修、风水的改造或调整，也应该就所经营的东西和周围的环境来进行。

商铺内部的装饰，有许多可以参考或借鉴的做法。天花板、墙壁、地板，要与空间设计、灯光照明、气味音响相配合，能创造出一种室内美感，形成优美的购物环境。比如商家要考虑天花板的材料、颜色、高度，特别是天花板的颜色要有现代感，能表现商铺的独特魅力，注重整体搭配，使色彩的优雅感显露出来；墙壁的设计要与所陈列商品的色彩相协调，与商铺所在的环境和整体形象相适应。如果有条件，也要尽量注意地板的装饰效果。

色彩在商铺装潢中占据非常重要的地位，现在有许多商家非常注重商铺内部的色彩设计。有些商家认为，红色等比较明快的颜色，会令人处于

一种相对兴奋的状态，能激起人们的购买欲望，所以很多商家在装修时，就把商铺内部的主色调确定为红色。但从风水学的角度说，商铺的颜色要和商铺的经营品种、周围环境相适应，不能笼统地说某种色彩好或某种色彩不好，要根据情况具体分析。有些人主张商铺的色彩装饰要与经营商品的五行属性及商家的命卦联系起来综合考虑，这种说法似乎缺乏科学的依据。不同的行业，其经营特点各有不同。像服装服饰店，在色彩的使用上可以张扬一些，装修上大红大绿都可以，这样很能吸引人们的注意力。

有这样一种观点，主张将商铺的装饰颜色与五方即商铺的方位紧密联系起来，认为商铺东方方位应为红色，南方应为绿色，西方应该为黄色，北方应为橙色，这样的方位和色彩布局，会改善商铺的风水。在风水学上，东方象征年轻及富于冒险精神，传统上红色代表喜庆、热情、大胆进取，所以东方应该以红色为主。与此对应，应该在商铺内部的东方方位摆放一些红色的家具及装饰品如红木吊饰、红色地毯等，这样可使商铺风水更好，生意更兴隆。南方主宰灵感及社交能力，而绿色则代表生气，所以应该在南方方位放置绿色植物。绿色植物除了可以为商铺增添盎然的绿意和美感外，对促进商铺的人际关系也有正面的推动作用。西方被认为是主导事业及财运的方位，黄色一向被用来代表财富。若在商铺的西方方位安放黄色的家具、饰物如黄水晶，可以为商铺带来旺盛的财气，令事业飞

"黄"腾达。北方掌管着上下关系，而橙色有热情奔放的意思，所以应该在商铺的北方方位饰以橙色调，以利上下关系的改善。

除了方位上的色彩差别，商家在装修商铺时，还要注意一些色彩上的禁忌，比如说，在风水学上天花板代表天，地板代表地，墙壁则代表人。商铺一般要天清地浊，所以天花板的颜色应该尽量使用最浅的颜色，地板的颜色则要比天花板色调深，否则就会使商铺内的人做事颠三倒四、本末倒置。墙壁颜色的色调应在天花板和地板之间，即要比天花板深，比地板浅，这样天、地、人才能达至和谐。

对于收银台的摆放，要根据经营商品的种类、商铺大小、内部空间和总体布局情况来定。有些风水书上说，要根据所谓的吉位设置门的位置，根据财位放置收银台，在财气位安放风水用品，在失运财星位上堆放商品以镇住失运财星位等。

其实这些说法并没有多少科学的根据。商铺装修，从风水学上讲，最重要的是要与实际情况相结合，其装修的整体效果要与经营的商品档次相适应。如果是一家经营大众化商品的商铺，而其装修却很豪华，或者很有档次或品位的商品，摆放在很差的环境中销售，在风水学上来讲都是不恰当的。实际上，商铺的装修已经远远超出了风水学的能力和范畴，成为一门独立的实用经营学。

3. 镇煞改造风水法

另有一种改造风水的方法是用"镇"。"镇"煞主要从三大方面入手，即制煞、化煞、求吉。

如果来龙势猛，有不羁之象，就在山上修建宝塔、楼台以镇之；如果河水险急，泛滥成灾，也可修宝塔来镇压，这就是俗语中所谓的"宝塔镇河妖"。

石狮子、兽牌、麒麟等一些神兽之类的图腾物，也是商家常用的镇煞之物。

"石敢当"也是一种镇宅之物，通常是在正对大路、大街的方向上立石头，以挡邪镇宅。

照妖镜镇宅是另一种方法，古人认为，妖魔鬼怪忌照镜子，因为一照便会现原形，所以照妖镜有避妖驱邪的作用。另外还有所谓的镇符，它是一种书写的文字或图画，如"五岳镇宅符"，它用桃木为板，上面朱书五岳神符。《阳宅十书·论符镇》中说："五岳镇宅符：凡人家宅不安，或凶神邪鬼作怪，此符镇之大吉。"

眼不见心不烦。对一些风水上的形煞，商家可以采用"避"的方法去避开，如在商铺门前摆上盆栽、屏风、珠帘、水晶等。

对于形煞，还有一种被动的化解方法，就是用求吉物去冲调。如用金元宝、招财树、金钱豹等求财，用如意、麒麟、宝玉、花瓶等求吉物平煞等。

如果是商厦或者较大型的商铺，可以在其前面或门两旁安放成对的石狮子、风水球或风水柱，就是没有形煞也可以安放，以求得更好的风水。

4. 商铺内部调整法

对中小商铺来说，上面所说的改造方法大多都不适用，概因商铺在城市里，受城市街道整体布局的制约，不可能对街道进行整改；而很多商铺是租来的，也不能从外部形貌上对其大兴土木，而只能在内部对商铺进行调整。

风水术认为，房屋的内部布局和设置也可以矫正风水，达到趋吉避凶的目的。如正门前有大路直射，或正当风口，可以在门内设照壁或屏风，这就符合风水要求了。

除此之外，如果商铺的外部冲煞严重，也可以用一些风水器物去镇煞。

中国人喜欢鱼，在传统民俗中赋予它吉祥的象征。在商铺里适当的位置摆放一个或大或小的鱼缸，既能镇煞，又能调整店内的生气。

在商铺内外种养一些花草树木，也是调整商铺风水的一个方便途径。风水学认为，植物有绿化环境的作用，能给人舒服的视觉效果，所以植物有一定的风水意义，它可以生旺和化煞。常绿的植物可以生旺；而有尖刺的植物如仙人掌、仙人球能挡煞，如商铺有物体尖角冲煞，就可以在门外在对着尖角的方向摆放仙人掌和仙人球进行阻挡，也可以在店内的柜台上摆放一盆小小的仙人球，这样的化煞效果也很好，而且不会对顾客造成太大的影响。一般的盆栽植物也有化煞的作用，当店铺受外部冲煞时，可在店内外某个适当的位置放置几盆花草植物，用它的枝、叶、花来挡煞避邪。也可以用一些干花、干草，特别是一些染上了不同颜色的干枝，来分散煞气，同时还可起到装饰的作用。另外，还可以用国画来改善风水和镇煞。一幅颜色丰富的画作，就可以改变和拯救色调暗沉的商铺的风水。用

213

以改善风水和镇煞的画作，可以选择草原或森林的图画，因为大片绿色可以提高商铺的空间。国画里的山水、牡丹、莲花、荷花等颜色丰富，且有吉祥喜庆的意味，适合作为风水国画作使用。泼墨画、写意画色调比较暗沉，一般不适合商铺使用。大型的水果彩照或图画，如结实累累、色彩饱满的水果，可以让人食欲和精神为之一振，用做风水画作效果也不错。

　　灯饰也有挡煞、生旺的作用，风水学认为，光亮可以引财。所以，可以在店铺前装一些灯饰，以收旺财的效果。

二、镇煞用品面面观

常用的镇煞之物有貔貅、麒麟、五帝古钱、开光葫芦、八卦镜、化煞罗盘、凸凹镜、盾牌、乌龟壳、泰山石、石狮子、金牛、金鸡、金鱼、风铃、宝剑等，将这些东西摆、挂在室内或门上的适当位置，可起到镇煞之用。

1. 貔貅

貔貅是一种凶狠的瑞兽，有雌雄之分，雄性为"貔"，又名天禄，能掌管财禄，对招财有神效；雌性为"貅"，又名辟邪，能镇宅驱邪化煞，使家宅平安。传说中的貔貅负责天庭的巡视工作，避免鬼怪、瘟疫等扰乱天庭的宁静。所以貔貅在风水学上是可镇宅避邪的。又由于貔貅没有肛门，只进不出，所以极能招财和守财。可以用貔貅来镇各种形煞，方法是将貔貅摆放在冲煞的位置或店铺内适当的吉位即可。

貔貅曾为古代两种氏族的图腾。传说帮助炎黄二帝作战有功，被赐封为"天禄兽"即天赐福禄之意。又因貔貅专食猛兽邪灵，故又称"辟邪"。貔貅非常凶猛，而且本身具有邪气，故化煞的作用非常强，古时候人们在阴宅、阳宅、生意上或军队上都会用到貔貅，用在阴宅里，名称叫天篆，是利用它来驱邪，以免先人在地下受到阴灵、妖物的骚扰，也有防盗的功

效。用在阳宅叫避邪，用它是为了挡煞，如路冲煞、刀形煞、枪煞等或家中犯鬼怪，或流年不利。用在生意中或军队中叫貔貅，用在军队中可令士兵好像猛虎下山一样的冲锋杀敌，所以有这样一句诗叫做"行军司马智怯勇，十四万众有虎貔"。

2. 五帝古钱

五帝古钱是指在清朝时代流通的顺治帝、康熙帝、雍正帝、乾隆帝、嘉庆帝时代的古钱，原因是真的古钱经过几百年的辗转留传，曾遭千万人使用过，故有一定的能量，而且这五个皇帝在位之时，都是清朝较为兴旺之时代，因此具有化煞作用。可以化解五黄、三煞、太岁、岁破及各种形煞如尖塔、电柱、路等的冲煞。

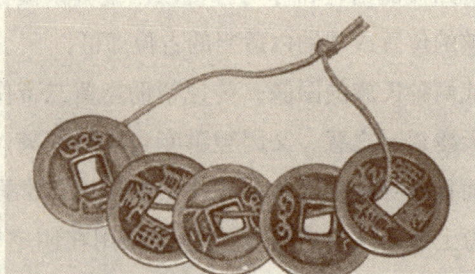

3. 八卦镜

八卦镜也许是用得最多的镇煞用品了，它可以镇各种各样的形煞，用法也很简单，一般来说只要把它挂在门、窗上或店铺内的吉位上即可。而化煞八卦镜也有很多种。

罗盘的核心是指南针，它是我国古代四大发明之一。风水学用的化煞罗盘与普通风水罗盘一样，中央天池为指南针，盘上有三层二十四山，分正针、中针和缝针。正针为立向、定向之用，管旺衰；中针为拨砂、消砂之用，管人丁；缝针为纳水之用，管财富。化煞罗盘无外盘，用铜皮包装，外表很精美。盘面为铜制酸蚀刻板，套色印刷，铜盒包装，精美耐用。

4. 葫芦

葫芦是常用的风水道具。葫芦的音与"福禄"相近，外形圆滚有曲线，嘴小肚大，可以将好的气场收纳为自己所有，也可以将坏的气场吸收殆尽，不至于造成危害，是辅佐风水布局、加强气场感应的绝佳道具。葫芦有自然生长的葫芦和人造葫芦之分，在风水学中的作用都是相同的。如果要招财，可将葫芦挂在生肖财位上，或放在桌上，或悬挂在这些方位的门口或墙壁上。如果要化煞气（如路冲、形煞等），可在大门上悬挂葫芦。

5. 雄鸡

　　雄鸡一唱天下白，传说中，鬼怪最怕公鸡打鸣。所以，如果店铺有阴煞，可在店内吉位上安放一只铜制的公鸡来镇煞。

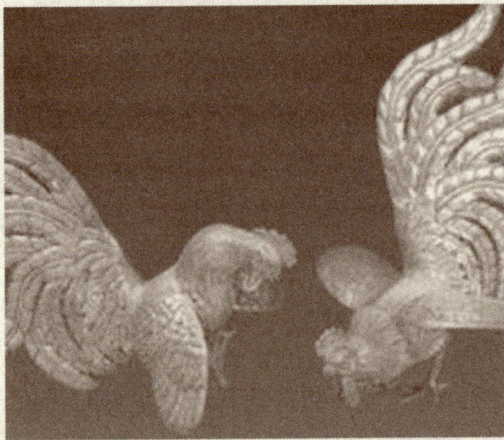

6. 金鱼

　　流动的水和鱼有一种生生不息的感觉，也可为单调的室内空间带来活泼和生气。从科学上讲，专注欣赏鱼的游动，确实可以让人释放压力，产生更多新能量。所以，在商铺内养一缸鱼，不单有观赏价值，而且还有催财化煞的作用。

　　商家在商铺内养鱼，要注意养鱼的种类和摆放的位置。商铺饲养鱼类，一般应是名字或色彩比较祥和的品种，如锦鲤、金鱼、七彩神仙鱼和热带鱼等。这一类鱼一方面可以使店铺充满活泼的气息，另一方面又带有吉利兴旺的意味。

　　商铺养鱼，鱼缸不必太大，形状以方形为较佳，不宜用高脚杯养鱼，因为高脚杯头重脚轻难聚财气。鱼缸不宜摆放在高于人头的位置，风水学上有一个名词叫做"淋头水"，人若长期受"淋头水"的影响，就会给人造成容易生病和脑力衰退等影响。

　　如果商铺较大，可在商铺内的吉位摆放一只较大的水族箱，养一些金龙鱼、金鱼等鱼类。如果商铺空间小，可在柜台的角落摆一个较小的水族箱，就是一个较小的金鱼缸也可以。

7. 龟

　　如果店铺受到尖角的冲煞，或者对面商铺上挂有八卦、三叉之类实形东西，可在店内养一缸龟以作化解。如果实在不适合在店内养活龟，可在柜台上摆几只红色或蓝色的石龟或铜龟摆设，同样也可以镇煞。

8. 供奉财神

　　用财神爷神像来镇煞招财，也是很多商铺常用的镇煞方法。关于财神，民间流传的种类很多，但大致可分为文财神和武财神两种，其中文财神有财帛星君和福禄寿三星，武财神有赵公明元帅和关圣帝君。

　　文财神财帛星君身着锦衣，腰扎玉带，左手捧着一只金元宝，右手拿着写有招财进宝的卷轴，相貌厚重，是一位相貌富贵无限的官员。传说他是玉皇大帝帐下的太白金星，在天庭的职衔是"都天致富财帛星君"，专管天下的金银财帛。他样子祥和，有求必应，最乐于帮助人。很多求财的人尊敬他、供奉他，是大众最喜欢的一位财神。

　　供奉文财神一定要摆在吉位，切勿在凶方供奉财神，否则破财兼有是非。文财神在供奉的时候，面一定不可以向门外，只可以向室内。财神是送财，若面向室内，就是送财给室内、宅内之人；相反面向门外，则是送财给宅外之人，宅主人就要破财遭灾了。文财神可以单独供奉，还可以福禄寿三星与财帛星君一起供奉，也可以与一位武财神一起供奉，但不宜与两位武财神一起供奉。文财神在供奉时用的香炉、长明灯一定要用铜制的，因为文财神是天上的神仙。祭品放些甜点、鲜花和小饰品即可。

　　武财神赵公明是一位远古时期领兵打仗的元帅，法力无边，可以降龙伏虎、驱邪斩妖。北方的很多生意人都供奉他。赵公明口黑面黑，有玄坛之说。有武财神赵公明在，群魔慑服，小人横事不敢来犯，商家生意兴隆，财源广进。

武财神关圣帝君，就是三国时期名将关羽。关圣帝君神威凛凛，一脸正气，奸邪妖怪一见即心寒，孤魂野鬼更加不敢冒犯。所以供奉关圣帝君，一切邪魔鬼怪会退避三舍，可保宅内家人健康平安。同时关圣帝君是位武财神，能为主人带来财运。南方生意人多有供奉。

民间供奉武财神也有很多规矩，其一，在供奉武财神时，武财神面一定不可以朝内，只可以面朝宅外，以镇压群邪，使邪魔不敢入内侵犯。其二，供奉武财神时，不能两位武财神同时供奉。其三，供奉武财神用的祭器一定要用瓷制或陶土制成，因为武财神都是人间的神。其四，供奉武财神关圣帝君，神像切记不可以向东，供台要经常打扫，四季供奉，才能财源广进，财运兴隆。

三、各种形煞的化解方法

　　山怕粗恶，城市风水亦怕各种奇形怪状的建筑，比如凶恶、强势、孤阳的地方，这些地方包括医院、殡仪馆、垃圾站、坟墓、教堂、寺庙、军警、衙门、高压输电线路、微波发射塔、玻璃幕墙、工厂、娱乐场所、污水沟等。尤其是商铺，最怕这样的地方。这些外围环境（风水学称外峦头），会对住宅、商铺形成冲煞。

　　所谓的冲煞，是对环境或人的身心健康有害的内外环境因素。一般程度的干扰称之为"冲"，较严重的干扰称之为"煞"。

　　有的形煞对人的影响是直接的，如门前有形如刀枪、棍棒、剑戟、弓箭等凶器的建筑物，形如恶禽猛兽、绳索镣铐等自然景观或人工建筑物，门对监狱、坟墓、屠宰场、火葬场、医院以及黄色场所等，这些形煞会对人的心理状态产生直接的不利影响，从而影响人的精神健康，进而影响人的身体健康；高压输电线路、发射塔、玻璃幕墙、工厂、卡拉OK厅、污水沟等产生的电磁污染、光污染、声污染、大气污染等都会直接损害人的生理和心理健康。

　　形煞对人的影响还有无形的一面，主要是通过破坏阳宅内外阴阳五行的协调平衡，以潜移默化的形式来影响人的身体健康和精神健康，造成店铺内工作人员精神紧张、脾气暴躁、是非口角等不测之灾。

　　总之，如果商铺前后左右有这些凶煞存在，会干扰室内的气场，严重地破坏室内气场的平衡，对人体健康产生不利影响。下面，我们分别分析这些地方的商业风水。

1. 箭煞

　　风水学上将呈直线状的河流、道路、街道等笔直冲向房屋的情形，称为冲煞，也叫箭煞或路冲煞，认为对阳宅极不利，而又以冲向房子的前门和来龙方为最忌。而位于这个位置上的房屋被称为"虎口屋"。商铺位于丁字路口上，或对着一条小巷，这就犯了这种煞。大门对着一条笔直的马路，实质上来说，所有车辆行人都笔直地朝着自家的大门奔来，到了门口才向左右转弯，造成潜意识中长期有可能发生车祸的顾虑，对运道有不良影响。经云：一条直路一根箭，可见其冲煞之严重。即使勉强在此开店，在其中工作之人，也易形成急躁的性格，对长久的生意不利。

　　化解方法：可在商铺前靠近冲路的地方摆一些花草，或在门上挂一些珠帘，或在门顶上贴一些诸如"出入平安"、"招财进宝"之类的小条幅和镇符之类的化煞道具，或在门两边挂上一对麒麟风铃，也可以在商铺正对冲路的柜台上摆放一尊开口笑（弥勒佛）等。

2. 反弓煞

风水学将河道外弯处称为"镰刀割腰",又称"反抱水",在风水学上属极凶之水,会泄漏财气,属反弓煞,这样的形煞极易破财损口。

在城市里,所谓的反弓,是指房屋前面的街道弯曲,而弯曲的弓背直冲大门。这就好像河流的外弯处,冲煞极重。特别是下坡路的外弯处,冲煞更重。如果对面又有电线杆或直立的大树,正好形成"一箭穿心"煞,对经营极为不利。

从现实的角度讲,道路外弯处给人一种车辆直冲而来的感觉,而且车来时由于其离心作用,会把灰尘、尾气都刮向这一边,从而使该处长年乌烟瘴气,路过的人都极欲快速离开而后安。这样的地方怎么能是开店的好地方呢?

但话也不能说尽,假如道路的弯道弯得很厉害,成了一个港湾样的大弯,就从无情水变成有情水。为什么呢?原来,这样的地方,弯的尽头,车一般不进去,倒变成了一个很好的人的落脚点,反而聚集了人气。如果处在外弯处的商铺,其前面留有较宽的明堂,也能有效地挡住反弓的煞气，经营情况就会好得多。

化解方法：在地面的反弓煞可以使整座大厦的人容易受血光之灾或破财。可在商铺内部柜台上摆放已开光的运财童子，或在适当位置安放明咒葫芦和五帝古钱，也可以将一对麒麟放于犯煞方以挡煞。

3. 天斩煞

"天斩煞"是指两幢高楼大厦之间形成的一条狭窄的空隙，或者商铺前面有并排的两幢（或两列）高楼，中间一个夹缝对着商铺，犹如用刀从半空斩成两半，故有此称谓。风水学上说，其刀砍之势犹迎面向商铺砍来，此为大凶，且其空隙越窄长便越凶。这种煞与下面所说的凹风吹穴煞无异。

这种形煞对商铺经营很不利，假如"刀劈"到底，就会形成一条小巷，人如果从小巷出来由于要避开进出的车辆，总要往两边多走一些，这样就错开而走过了商铺。如果没有"劈"到底，也形成了一个气口，风会顺着这个空隙吹向商铺，影响其正常经营。

化解方法：宜在商铺窗口或门上挂一面小凸镜或八卦镜，或用窗（门）帘遮挡；也可在商铺内部适当位置安放铜马、麒麟，或在内部墙上挂大铜钱和五帝古钱；还可以在商铺受冲煞的地方种上仙人掌之类的盆栽，以破煞气。

4. 剪刀煞

　　剪刀煞有多种形式，都是由道路、桥梁交会而成的。平面上的剪刀煞是指三叉形或"Y"字形路口形成的锐角处。在这样的地方开商铺，首先是面对前面直冲而来的马路的冲煞，其次是两边马路夹住而犯了割脚煞，对商铺极不利。从实理上说，此处虽然车旺但人不旺，而且由于人流太多，尾气、噪声都很大，人都欲极速而过，怎么能旺铺呢？

　　但如果在这样的地方，尖角处地势较开阔，由于有这较宽的明堂的缓冲，店铺离三面的道路都比较远，反而有可能是个开店的好地方。从实情上说，由于这样的三角地较宽阔，位于三角地最里面的商铺所受的冲煞会较小，这样的地方人流一般都比较旺，所以能开店。这样的店铺，它实际上已处于剪刀的尖顶部或已在尖顶之外，所受的力道已经很小。

　　另外，如果三面的路都是小路，没有多少车流的冲煞，这样的地方也是开店的好地方。

由两条高架桥交叉而来，一上一下也形成如剪刀之势，也是一种剪刀煞，对住宅及商铺皆有害。从道理上说，在这样的地方，车子上上下下，车速极快，噪声、尾气污染都很大且不易散去，震动也很大，路人都不愿久留，所以不是开店的好地方。

化解方法：可在商铺内部吉位安放一对铜马或五帝白玉，也可在窗口安放金元宝或麒麟风铃一对。

5. 刺面煞

刺面煞也称火形煞。如果店铺前有起起伏伏的小山坡，或者面对奇形怪状的人工建筑特别是一些尖角类的建筑，或者屋外有尖锐的物体射过来，如大厦的墙角（成90°角者）、檐篷、亭角、公园内一些呈尖锐的艺术雕塑或类似物体、三支或以上的烟囱、对向着的路分叉或三叉者等，就犯"刺面煞"。风水书上说，火形煞的影响迅速猛烈，对人主易生急性病，身

体容易受伤；对宅运方面则主易生火灾；对商铺则主易生流财，使店铺易遭劫窃，店内的人容易做出犯法的事。

如果店铺对着电线塔、发射塔等或与之为邻，也犯了刺面煞，因为它们的形状都是尖的。从风水学的角度看，它们都属于尖角煞。而从科学的角度看，这些塔不是发射或接收电信号就是用来传输电力的，气场强，对磁场影响大，电磁场对人体有很大的影响，特别是对心、脑及血液的影响最大，容易诱发心脏病、心血管疾病、脑科及精神疾病等，所以，人们在下意识里总想快点离开这样的地方。所以，在这些地方附近开店，人气风水环境不好，而且人长期处于电磁场环境，可能会引起一些生理或心理上的微妙变化，比如说可能容易冲动，做事易出错，对自己也有不好的影响。

另外，变压器在人们的心目中是极危险的东西，总想快快远离它而后安。所以，店旁或店前有变压器，是很险恶之事。从风水学的角度说，店旁有变压器，必然破坏了街道的延续性，"山脉"有了断折，龙脉及气脉也就断了，气发散出去，自然就很难开店。店前有变压器，更犯了泰山压顶煞，极恶。

化解方法：在门前犯煞之方位挂上两串明咒葫芦或铜像。

6. 孤阴煞

商铺开在医院附近，在风水上是很不好的。因为，人们到这个地方来只是来看病，其他消费的能力就很弱。人一病了，阴气就很重。所以，虽然医院人流很旺，但商业人气并不旺。如果一定要在医院旁边开店，只宜卖一些本身阴气也重的商品如药品、鲜花、水果等，与气性相适，或可以有一些生机。

教堂、寺庙也大体上属于此类。在风水学上，神前庙后都是属于孤煞之地，商铺开在寺院、教堂等一些宗教场所旁边都是不好的。因为这些地方都是神灵寄托之所、聚脚之地，阴气很重，会令附近的生气场受到干扰而影响人的生态环境及经商的氛围。人们轻易不去这些地方，要去也大都

是为了寻求解脱，暂时逃离现实，故而一般都不会刚出它的门就去购物的。在这样的地方开店，生意很难有起色。古书都说：衙前庙后不宜居住，更不宜开店。

　　垃圾站建得再好，总会有不好的气味冒出，人们走过附近，总是急忙走过，旁边纵有再好的东西也没有心思去看一眼。在这样的地方开店，结局可想而知。当然，在人气极重的大城市里，不见得在垃圾站旁边开店就会倒闭，只是相比之下比较不容易罢了。

　　化解方法：商铺近坟场、殡仪馆、医院、公厕、垃圾站等阴煞之地，可在门上挂一面八卦镜，或在内部适当位置安放铜公鸡、木葫芦、五帝古钱等。

7. 孤阳煞

　　店铺位于国家机关、公安局、消防队、军营等旁边，就犯了孤阳煞。

　　风水学上，公安局等此类机关是属阳的，属孤煞之地，风水古籍《雪心赋》说："孤阳不生，独阴不长。"如果商铺开在公安局旁边，则犯孤煞。从常理上说，这些地方经常有车辆呼啸出入，将周围的聚气格局破坏掉，气不聚，就没有生气，风水就不好。用通俗的话解释就是：路人会在不经意间受到呼啸出入的车辆的惊扰，内心里总有着一种快快离开这个是非之地的愿望，故没有多少心思选购商品。另外，一般来说，消防队的大门上都涂成大红色，很是刺眼，多与周围的环境不协调，破坏了风水的延续性和统一性。所以，在公安局、消防队附近开店，风水不好。

军营大体上也是如此。加油站也大体属于这样的孤阳煞。

国家机关包括各级政府、法院、检察院等，在风水学上属皇气和霸气，杀气重，是至阳之地、孤煞之地。在其附近开铺，也会犯孤阳煞。在现实中，也确实少有店铺开在此类地方旁边的。

许多人以为住在学校这类文化之地附近必是好风水，但其实不然。原因是：学校是清水衙门，经济差；而且，学校多是白天上课、晚上无人之地，就算白天上课也都是一些学生。学生的阳气相对较弱，消费能力不高，且消费有很大的选择性。所以，在学校附近开店，除了某些类别的商品外，很难做得好。

戏院、电影院、娱乐场所等，这些地方都是聚散无常之地。开场时阳气突然大量聚集，散场时又突然大量消失，气场受到严重干扰，会使经商环境受到极大的破坏。

化解方法：将已开光的木葫芦和八卦罗盘挂于受煞方的墙上，若宅主体弱多病，则于同一位置加放两串明咒葫芦。

8. 孤峰煞

所谓"一楼独高人孤傲"，是指一座楼宇的前后左右都没有靠山或大厦。经云："风吹头，子孙愁。"凡犯孤峰煞，都得不到朋友的扶助。所以在这样的地方开店，往往因为人流少而不景气。

化解方法：在吉位或旺气位安放明咒葫芦或铜葫芦，可以化解孤峰煞。

9. 顶心煞

　　风水最忌门对着大树、大柱或电杆，更忌正对高压电塔。因为树本身阴气重，会阻挡阳气进入，而电杆或高压电塔本身磁场极强，会干扰住宅正常的磁场，造成不良的影响。从实情上看，门前有这些东西，势必占用了门前道路的空间，使道路变窄。一般来说，道路突然变窄处人流总是较快，人人都脚步匆匆，就没有多少人愿意入店铺购买东西了。

　　门前有枯树，除了有前述的凶煞外，还犯了孤阴煞。即便是一棵小小的枯树，也对商铺风水造成极大的破坏。从科学的角度看，整天对着一棵枯树，会使店铺里的人产生不好的心理影响，长期如此，会对经营产生破坏，容易造成商道衰落。

　　化解方法：是以五帝明咒两串制煞。

10. 开口煞

　　商铺对着地下停车场出入口或升降机的门，就犯了开口煞。

　　地下停车场是气下泄之处，商店大门对着其出入口，势难聚气，很难获得发展。这就相当于风水学上的直流水，属无情水；同时，这也犯地户不闭之煞。风水书上说，水去不宜泄，而车入这样的入口，完全就是泄，多少财气也不够它泄。

　　从实情上说，这样的地方都只有车过，却少人走，就是有人过，也被不时出入的车辆"赶"到两边。在对着的地方就很难聚集人气，商铺的风水自然就不好了。而电梯门一开一合，好像老虎想要吃人一般。这样的商铺犯了开口煞，不利财运。

化解方法：在门楣上挂已开光明咒的观音佛像，另加一套五帝古钱可以化解开口煞。若藏在木门槛内，效果更佳。

11. 反光煞

风水学特别强调反光为大凶，称为反光煞。过去的反光多是建筑物外的池塘、河流而造成的。当晃动的光影映在室内时，就形成了反光煞。建筑风水的好坏主要是由地理环境、采光、通风等条件构成。有光入室应该说是好的，但为什么反光却是煞呢？其实，这也是"度"的问题，采光若是自然柔和的阳光，则为吉光。但若在自然光之上再叠加强烈的反光，就会让人不舒服了，就成为煞了。如果河水、池水反光入室，则会产生不稳定的晃动波影，在室内天花板上形成这种晃动的光影，必然会对人的精神产生刺激，使人不自觉产生一种紧张情绪。时间一长，人就会时常产生恍惚的错觉，这就是灾难前的征兆了。

而现在都市中有许多建筑采用玻璃幕墙，从而会对邻近的建筑形成反光，这种玻璃幕墙的反光十分强烈，射进室内的光线非常刺目，这种强烈的光线最易破坏室内原有的良好气场，使人产生烦躁、冲动的情绪，心神不宁。

化解方法：一般反光煞的化解，可在玻璃窗上贴半透明的磨砂胶纸，再把两串明咒葫芦放在窗边左右角，加上一个木葫芦，便能化解普通的反光煞；反光较弱者则不必加木葫芦，反光强者要再安放两串五帝古钱配白玉明咒便可化解。

12. 割脚煞

商铺太接近道路，或者水流贴近商铺建筑，但道路或水流又背离商铺而去，就犯风水学中所谓的割脚煞。

化解方法：此煞一般很难化解，商家最好在选址时就注意避免。如没办法避免，可在旺气位柜台放一对白玉旺财蟾蜍，或在门两边挂旺财葫芦等。

13. 穿心煞

商铺前方对着一条直柱形物体如电灯柱、交通指示牌、大树等，即犯风水上所谓的穿心煞。

化解方法：在旺气或吉方安放铜葫芦和五帝明咒，这样可以避免地底穿心煞所造成的运气反复。

14. 峤煞

商铺非常接近一座比自己高大得多的建筑物，建筑物如在商铺的后方，则为商铺的靠山，作吉论。如在侧边，则犯风水上所谓的峤煞，主容易受欺骗、经营不成功。

化解方法：是靠较高建筑物的一端，摆放已开光的铜大象，以收外泄之气。

15. 廉贞煞

　　风水注重背后有靠山，但如果所靠之山非名山，而是山石嶙峋、寸草不生的穷山，风水学上则称之为犯廉贞煞，这属煞气颇大的风水恶煞。商铺后面没有居民住宅，而是一片烂地，也是犯了所谓的廉贞煞。

　　化解方法：对于这种煞，商家应在商铺选址时注意避免。不得已一定要在这样的地方开店，可在煞方挂葫芦或放四对貔貅挡煞。

16. 天桥煞

　　一条自高而下的天桥常有弯斜的去势，天桥为虚水，斜去而水走，是泄财相。天桥环抱为吉，反弓为凶，但是一条天桥横放在大厦的面前，你们知道是吉还是凶？

　　天桥也有环抱同反弓，哪一种是天桥煞？以上两种都不是天桥煞。天桥煞是在高的地方一直向下斜落没有弯段。犯天桥煞的多数会财运差，因为有泄财之意，天桥煞同箭煞都是一样的。

　　化解方法：在见到天桥下斜的方位，靠较高的一端，摆放已开光的铜大象以收外泄之气。

第九章
好风水商铺实例

为什么在同一地段、经营同一种
产品的商铺，其经营的结果却是不同
的呢？风水学认为，一个商铺能否财
源滚滚、聚集人气，取决于天时、地
利、人和，换句话说，就是要有一个
好的风水。

一、北京金融街上的风水故事

金融街，位于北京西二环东侧，南起长安街，北抵阜城门内大街，全长约 2 千米。其所在地区，自元代起就被称为"金城坊"，当时大都的金坊、银号、各路商贾皆云集于此；至清末，户部银行亦设于此，后改称大清银行，民国元年时又改为中国银行。自古以来，这里就是京城财富旋涡的中心。

从 1993 年国务院批准规划建设金融街至今，进驻北京金融街的已有人民银行总行、工商银行总行、建设银行总行等国家级金融机构，以及交通银行北京分行、平安保险北京分公司等市级金融机构共 300 余家，同时中国的三大金融监管委员会也群聚于此。在这条并不算长的街道里，蕴藏的总资产超过 13 万亿元人民币，而每天进出的资金流量均超过 100 亿元人民币。而下图所示的银行大楼便位于金融街的龙头位置。

据说在金融街规划初期，几个关键地段便成了各大银行机构关注和争夺的焦点，而作为龙头的这一块地却少有人问津，原因是周围地理环境不利，煞气很大，紧邻的十字路口为十字分流水（或称水不过堂），聚财是不用想了，且二环主路上立交桥又对该地形成割脚拦腰之煞，路又不能改道、桥又不能重修，看过的人都暗暗摇头，可惜了一块好地。但只有此银行的行长慧眼独具，相中了该楼所在的这一地段，并四处延请高人看地，

239

设计建楼，不想请了十几位高人都没什么切实可行的解决办法，有人更戏称，此处也就是能勉强做一块绿化带罢了。但该行长力排众议、锲而不舍，最后终于请出了原故宫博物院院长唐老先生帮他出谋划策，唐老研究故宫风水四十余年，可谓学究天人，在考察了该地之后提出了一个精彩的设想，于是便有了这座楼宇。

此楼仿照商周时期青铜礼器中最为尊贵的四足方鼎而建，鼎居古代礼器之首，是最受重视的器型，传说黄帝曾铸宝鼎三只，以象征天、地、人；史载夏禹亦"铸九鼎，象九州"，鼎作为传国重宝，标志着最高权力，被视为社稷和权势的象征。而行长本人在此楼建成 5 年后一跃荣升为证监会主席的经历，也为我们提供了一个很好的催官例证。"鼎"为正方形，"鼎足"四平八稳的分立于震艮巽兑四隅，足内楼体呈八角形，与鼎体的正四方形相接浑然一体。四隅的"鼎足"延伸上"鼎口"，被设计成葛洲坝闸口的样子，两边锯齿状的造型既可看做抽水的齿轮，又可以解释为大杀四方的利刃；侧面的楼体在东西南北四正方各开了一个凹槽，通过七级起伏直上楼顶，大吸八方财气。此楼建成后，该银行的资产 2 年内翻了一番达到 400 多亿元人民币。此外，楼顶亦被设计成八角锥形，且全部采用玻璃幕墙，采光通透，到了晚间楼顶部分灯火辉煌，被黑色的楼体映衬得庄严、雄伟气势恢弘。有趣的是此楼从侧面望去，无论色彩还是形状，都极像金融街的标志雕塑（四枚商代古钱承托着一金色球体），这也隐隐标示着其龙头地位。

乾宫大门前从不升旗的三根旗杆，其寓意就像三只香供着宝鼎，且上面的"葛洲坝"坝口一开，财源滚滚又吸尽人间烟火，只是路口煞气过大，吸入的气过杂总是不妥，于是就有了乾宫正门前守门的两只 6 米多高的神兽，这对神兽却非貔貅，请仔细看它们的头部，是没有角的。这也是唐院长的精彩建议之一，此兽名为猂狮，有着唐代狮子的头和汉代貔貅的身体，据说这种神兽性情暴烈正直，守财镇煞的效果极佳，安置在十字路口正好可以阻挡不吉之气被吸入楼内。

这条财富之路上还有很多与风水有关的精彩故事，某行错落有致的重斗设计，某保险公司内圆外方的玉琮结构，还有那座形如古币布局的神秘庙宇，风水元素无不渗透其间。有过辉煌，有过沉寂，沧海桑田间，传统易学的文化气息始终在天地间流转回荡；朝阳落日里，金融街上布局迥异的楼宇，正无声地印证着先人的智慧。

二、中国第一街——王府井大街

　　北京王府井步行街是具有数百年悠久历史的著名商业区，在北京享有
"金街"的美誉，王府井大街的南口紧邻著名的长安街，由南向北全长810
米，是北京唯一一条步行商业街，在大街两侧分布着765家大大小小的商
店，王府井步行街平均每天的客流量约60万人/日，节假日超过120万人。
40米宽的大街上布满了各种鲜花，在这里，每隔几米就会有供游客休息的

长椅，为了方便顾客，大街上还设有免费的购物手推车。王府井周边的交通十分方便，购物的朋友可以乘坐一线地铁到王府井站下车。

王府井的历史可以追溯到 13 世纪 60 年代，距今已有 700 多年了。元代中央三大衙署中的枢密院和御史台分布在这条大街上。到明代，这里建了十个王府和三个公主府，故称为王府大街。清光绪三十一年（1905 年）重新厘定地名，因街上有一眼甘洌甜美的水井，遂定名为王府井大街。

王府井大街最早的商业活动始于明代，清光绪二十九年在八旗兵神机营废弃的练兵场上建起了东安市场。随着东交民巷使馆区的形成，一些为洋人服务的银行、商号落户王府井。20 世纪初期，王府井大街的商业活动进入了新时期，并跻身于北京四大商业区。

王府井犹如一个博物馆，它会聚着博大精深的传统文化。同升和、盛锡福、瑞蚨祥、东来顺、全聚德、翠华楼等诸多老字号记录着历史的沧桑巨变。

新中国成立后，在党和政府的直接关怀下，王府井大街发展成为中华第一商业街。改革开放以来，王府井大街同古老的北京一样发生了巨变：宏伟的东方广场拔地而起，改建的新东安市场将现代商业与传统商业完美结合，新中国第一店——百货大楼风华正茂，百年老店、名店、特色商店交错林立，互为衬托，商业服务设施总建筑面积达到 150 万平方米。

1999 年 9 月 11 日，王府井大街历史上永远铭记的一天，历经 8 年脱胎换骨的改造，王府井大街仿佛一只金凤凰在万盏明灯簇拥的火焰中重生了。

改造后的王府井大街，形成了"金十字"的构架。以金鱼胡同西口的十字路口为中心，朝东是宾馆饭店一条街，向西是小吃休闲一条街，面南是繁华商业步行街，往北是娱乐文化一条街。走过王府井的每一寸土地，体会王府井的每一种风情，当历史一点点连接成现实，当古老一步步走向现代，穿过 700 年的时光隧道，王府井就在你的面前。

　　如今的王府井已成为物丰人旺，集购物、休闲、文化、娱乐、旅游、餐饮、商务、住宿为一体的综合性商业步行街。

　　未来的王府井将是数字化的王府井，成为地面、地下与空中立体发展的商业中心区，它将以人文景观、商业景观与环境景观引领世界商业街发展的新潮流。

　　王府井将成为世界了解中国、中国了解世界的窗口，成为世界文化与商业发展的骄傲。

三、香港迪士尼乐园的玄妙风水

　　源自美国的香港迪士尼乐园，虽然处处显露出美国文化，但入乡随俗，乐园内的设计及布局均经过风水大师的精心设计，充满玄机。香港迪士尼乐园及两间酒店的正门不仅坐向有利方位，而且利用大量流水格局，希望"水为财"令乐园生意滚滚来。

　　著名风水堪舆家苏民峰盛赞乐园设计，他首先认同米奇老鼠喷泉能聚积财富，而且阻挡通往乐园的直路，有利"气"的流通。另外，乐园坐落

位置背山面海，地理位置绝佳且格局优良，可积聚最大的风水能量。他指出乐园正门坐落在贯通南北的位置，而两间酒店的西南方皆向海，可收聚财之效。根据风水学，地运每 20 年会转一次。由 2004 年起，凡地的西南方有水，即可确保该地在未来 20 年内都有财运。

负责设计香港迪士尼乐园的华特迪士尼幻想工程副总裁及执行创作发展总监莫里栋（Tom Morris）透露，很多港人深信中国传统风水学说，认为可影响公司的运作，为此乐园在"明日世界"及"白雪公主许愿洞"等景点特别建设多个瀑布，入口亦建有铜制米奇老鼠喷泉，希望多个流水摆设可令乐园"猪笼入水"。

莫里栋又指出，为取得好意头，香港迪士尼乐园特别按通胜内开张、宴会及搬屋的吉日指示，挑选 9 月 12 日作开幕日子。乐园四周亦布满幸运号码，包括中式酒楼内布置有 2238 朵莲花，取其"易易生发"之意；举行婚礼的宴会厅，其面积是 888 平方米；而两间酒店都没有四楼，避其"死"字谐音。另一处有趣的地方是，游客在乐园内不会看到绿色的帽子。

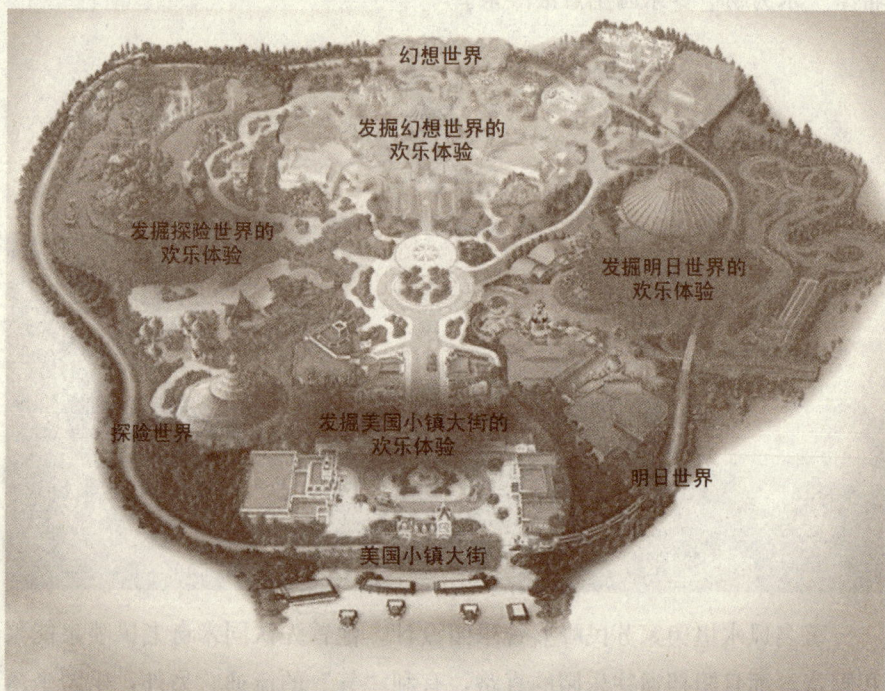

WANG CAI JIN DIAN MIAN

四、深圳华侨城铜锣湾广场

华侨城铜锣湾广场位于深圳华侨城地铁站北侧，占地面积 42 万平方米，建筑面积约 10 万平方米，是中国第一家景观式国际标准 SHOPPING MALL，主力店有沃尔玛、铜锣湾百货、顺电、运动营、家具城、雀巢咖啡、星迪咖啡、音像城等。

在珠三角星罗棋布的购物中心产业中，华侨城铜锣湾广场可谓是另类出击。因为这是国内第一家以"生态景观和海洋文化"为规划主题的景观式购物中心，南北绵延 1.3 千米。同时，华侨城建设时投入巨资聘请了昆明世博园的规划师美国 HHCP 国际设计有限公司，耗时四年进行规划，并且在规划中十分注意风水讲究，符合风水原则。工程 1999 年年初开始启动，设有雕塑公园、核心购物、酒吧风情、生态广场四大不同区域。

五、香港九龙的半岛大酒店

　　香港九龙的半岛大酒店，它的前面原本是香港老火车站的旧址，后来拆掉建成了香港文化中心，照理说前面建了个文化中心，酒店生意应该更好一些才是，结果恰恰相反，酒店自从这文化中心建成后生意一直都不太好，从风水的观点来看这个文化中心从结构上冲到了该酒店，起初酒店老板不相信风水，一心从改善经营管理入手，但几经努力都以失败告终，最后酒店老板无奈，只好请来风水师看风水，并且按照风水师的建议在酒店门前竖了个大门神。虽然半岛大酒店大门装饰得颇有现代气息，在门口竖一尊高大的中国民俗的门神显得有些不太协调。然而，酒店的生意真的很快就好起

来了。

　　其原因何在呢？因为酒店对面建筑冲煞的关系，一方面酒店老板和员工精神状态受到不好的影响；另一方面，入住酒店的客人也受到不良影响，那么客人下意识地就不会再住这个酒店，酒店生意自然也不好了。所以我们要认识到风水环境也是企业改善经营管理的一部分，对于风水中尚难以解释的部分，一方面要自身以科学实证的态度来判断，比如说调整了风水，反而经营状况糟糕了，或者自身感觉不好，那就要相信事实；另一方面也可根据风水师本身的实力和信誉。